尊敬のまなざし

はじめに

「生き難い」という言葉をしきりに聞く時代になりました。私にとって、この言葉は娘が重症の床から生還して以来、幾度となく使ってきたものでした。娘は重度の障がいを持って生還しました。娘が生きていることが嬉しいのに、障がいを持つ娘と生きるということは不自由でした。加えて、私自身が持っていた間違った価値観が生き難さを増していたと思います。その間違った価値観が私以外の人も生き難くしていることが次第に感じられてきました。この本はそういう歩みの中で考えてきたことをまとめました。

娘が重症の床にいた日々、祈ったノートは何冊にもなりました。その祈りを読み返してみると私たち親子は実に幸運な出会いを重ねてきたことを思い起こします。娘と私たち親子のために尽くしてくださった方々に心から感謝します。

一九七九年、娘の島陽子は一歳三ヶ月の時に百日咳脳症という病気で生死の境を彷徨いました。

七月一五日夕刻、微熱ぐらいなのにひきつけを起こしたので、救急車を呼び藤田保健衛生大学病院を受診。診察中に呼吸が止まり（後に百日咳特有の無呼吸発作と知る）、医師が呼吸器を装着するも、意識不明になりました。以後、重篤な状態が続きました。以下はその時にささげ続けた祈りです。その祈りから一〇ヶ月後、陽子は重症心身障がい児として退院しました。その後の歩みは『あたたかいまなざし』『イエスのまなざし』（燦葉出版社刊）に記しました。陽子は精一杯生きて、一九九五年一月二六日にインフルエンザで亡くなりました。この本は陽子亡き後、娘の友人たちと生きる中で考えてきたこと、教えてもらったことを記しました。読者の皆様に深呼吸するような気持ちになって頂けたらと願っています。

祈りの一部から

七月二五日（水）

ねむりからさめるのを待つ日々。

ママは全く無力であり、ひたすら神様のいやしを祈っています。

一歩後退して人工呼吸器がまたもや取り付けられました。

肺の片方が良くなると片方が悪くなるといったことの繰り返しです。

神様の支えと教会に連なる人々の祈りがなかったなら、とても耐えてゆけない日々です。

しかし、この苦しみがどんなに長くても耐えましょう。

あなたが最終的に助かるのなら、耐えましょう。

どうか陽子ちゃん、頑張って生きてちょうだい。

ママと耕一と牧人のために。

パパのいないあなたには、また、病気の厳しい状況のあなたには、生きることは辛すぎるかもしれません。

しかし、生きてください。あなたの存在そのもの、生きているということが、ママのそして耕一の、牧人の生きがいと希望なのです。

神様、この痛々しいばかりの陽子をどうか守ってください。

あなたのお支えによって、病をいやしてください。

あなたの恵みに感謝しつつ、なお、祈り求めることをお許しください。主のみ名によって、アーメン。

七月二七日（金）

夜もすがら泣きさけんでも夜明けとともに希

1995年２月　陽子召天２ヶ月記念会

望がやってくる。（詩三〇：五〜六）
主なる神　恵みを感謝します。
危険な状態の昨夜を通り、今朝また、すがすがしい朝を与えられ感謝いたします。
幼い身体と魂をお支えください。
あなたの奇跡をおこす力だけが、陽子の助けです。
切に切に祈ります。奇跡をおこなってください。
陽子をこのねむりからすみやかに助け出してください。
病状は、極めて危険になっています。
どうぞ、あなたの御手をさしのべ、いやしてください。
今日一日、耕一、牧人、愛する者達をかえりみてください。
主のみ名によって、アーメン。
陽子の身体と魂を守りたまわらんことを。
主のみ名によりて、アーメン。

七月二九日（日）朝七時

おしっこが出て、ウンチも少し出て、生きている証拠をみせてくれる陽子ちゃんです。

讃美歌を歌うと手を動かし、口を動かすのは偶然でしょうか。ママには、無意識の世界にいるあなたにも神を賛美する声は届くような気がします。

ママが頭に手を置いて祈るときも、あなたは反応します。

神さまだけが知ることですが、不思議なことです。

ママは、あなたの目覚めるのを毎日毎日待ちながら、待つこと、生きること、信じることの大変さ、むずかしさを考えています。私はもっと苦しまなくてはあなたを再び手に抱けないような気もしています。

あまりに母として、あなたを放っておいたからです。パパの身代りなのに、パパや私、そしてお兄ちゃんたちが愛して待った陽子なのに、死なれてはたまりません。

神さま、陽子をよみがえらせてください。

あなたは、何でもおできになります。どうぞその御手をもって陽子を病の床から起き上がらせ、あなたの子として育てさせてください。あなたは常に最善をなしたまいます。

しかし、あえてお願いします。陽子をもとのとおりに回復させてください。病をいやしてください。

主イエス・キリストのみ名によりて、アーメン。

目次

第二章　「尊敬しています」

第三章　エッセー

第一章

人を大切にする

2014年　ラルシュのリトリート

一　リトリートに参加

二〇一六年六月の末にフランスへ行って、ジャン・バニエ氏のリトリート（隠れ家、避難所という意味の英語。キリスト教などにおける修養会の意）に参加しました。ジャン・バニエはラルシュ・ホーム（知的障がいを持つ人々と彼らの生活を支える人々が共同生活をするグループ・ホーム。ラルシュはフランス語で箱舟の意）を始める前に、フランスの精神病院や障がい者施設に閉じ込められている人たちに出会いました。五〇年以上前ですから、大勢の方が入所していて、親身な声をかけられることなく、機械的なお世話を受けて、働いている人たちも疲れ果てていたのでしょう。ジャン・バニエがある時、見聞したこととして、病院で入所している人たちを並べて、裸にしてホースでシャワーをしていたという話をしました。尊厳がないように扱われている。そこで生活していた人々を見たジャン・バニエは、この人たちと一緒に地域で暮らしていこうと思い、ラルシュ・ホームを始めました。

ラルシュ・ホームではアシスタントとコア・メンバーと呼ばれる障がい者が家族のように暮らします。共同生活には問題がいっぱいあるけれど、少人数で暮らしていくことによって、意思の疎通ができない、時に暴力を振るう人たちが変わっていきました。彼らの暴力はかつて彼らが受けた暴力の模倣であったり、日々の耐えがたい怒りの叫びだったりしました。次第に、コア・メンバーと密接な関係を生きるアシスタント自身にもそういう怒りや経験があるということを見出し、その解決が焦眉の問題となりました。

解決への道を探る中で、この社会の暴力性、歴史的な暴力の連鎖についても気づかされてきました。ジャン・バニエが第二次大戦後、ヒットラーのユダヤ人虐殺、広島・長崎の原爆投下などの報に接して「なぜ、人間が人間に対してこのようなことができるのか」と震撼し、軍人をやめ、哲学を学び、やがて弱者そのものである知的障がい者と共に生活を始めたことは預言者的だったと思います。この原稿を書き始めた時に、相模原の施設に暮らしていた障がい者が一九人も殺された事件が起こりました。あの容疑者は本当の意味で弱者とされている障がいを持つ人々と出会ってはいなかったのだと悔しい思いでした。

フランスでは、英語で行われるリトリートに参加しました。リトリートでのジャンの講和以外は自由に過ごし、食事はリトリートハウスのアシスタントやゲストと一緒でした。フランス、ベルギー、イギリス、チェコ、ドイツなどからのアシスタントやゲストにも出会い、得難い経験でした。フランス語は全く分からず、英語もよちよち歩きの私の相手をしてくれたアシスタントたちは大変だったと思います。終始忙しいにもかかわらず、食事の時や何か質問した時などは、真正面から向き合って、一生懸命に話を聞いてくれました。私の話は何も哲学的な話ではなく、簡単な日常会話に近い話なのですが、真剣に耳を傾けてくれました。用件が伝わって、解放されると風のように去って行ってそれぞれの仕事をし、また通りかかって声をかけると、まるで暇な時間ですというふうに聞いてくれるのです。「大事にしてもらっている」という感覚でした。その心地よさはどこから来るのだろうと考えた時、きっとこのようにして障がいのゆえに言葉を発しない、伝えにくいコア・メンバーたちの話に耳を傾けてきた歴史があるからだろうと想像しました。ジャン・バニエ氏に面談する機会も与えられました。たった一五分ですが「あなたの話を聞くよ、なんでも話して」という風情で豊かな時間でした。

「あなたの声を聴いているよ」という人との出会いという得難い体験を通して、イエスの奇跡も思い出しました。イエスが混乱している人に耳を傾け、その出会いがその人を救ったこと。お金も無い、力も無い私たちでも「元気？　どうしたの？　困ってる？」って相手に関心を持って接することができたら、それは相手へのプレゼントではないかとあらためて思わされた旅でした。第一コリント書一三章の「愛」という言葉を本田哲郎神父は「人を大切にする」と訳しています。この言葉を現実的に行うとしたら、どうなるのか？　新共同訳で一三章四節は「愛は忍耐強い」とあります。本田訳では「人を大切にするとは、忍耐強く相手をすること」です。その愛を味あわせていただいたことは幸いな経験でした。

二　名前で呼ぶこと

私たちが障がい者施設を訪問すると「何人の障がい者がいますか？」という質問になりがちです。ラルシュ・ホームを訪問して「障がい者は何人ですか？」と言ったりすると、案内してくれる大田美和子さんは「私たちは『障がい者』という言い方はしませんが、島さんたちの言い方によれば」と断って「おおよそ」のことを教えてくれます。

大田美和子さんには、二〇〇一年三月ルルドで初めてお会いしました。その後で大田さんの住むラルシュ・ホームに訪問することになっていました。パリの北の方からTGV（フランスの超特急）で何時間もかけてルルドに来られた、大田さんのホームの陣容を知りたくて「障がいを持つ方々とアシスタント何人でいらしたのですか？」と聞きました。大田さんは渋い顔をしながら「何人かわかりません。誰々と誰々と誰々ということはわかりますけど」と言いました。私の理解では「人数を覚えていて、長旅の乗り換えのたびに人数確認すれば間違いがないだろうに」と思っての質問だったのですが。大田さんがコア・メンバーについて語る時、「障がい者の人は」という言い方ではなくて、必ず「ジョン」「マイケル」など固有名詞で語られます。

私はその時、日本の「信仰と光」の一員として参加しました。「信仰と光」はラルシュ・ホームと同じ時期に開始されました。「信仰と光」共同体のことを紹介するHP（ホームページ）に「信仰と光」が始まった時の様子が書かれています。

以下引用。――『信仰と光』共同体は、一九六八年、知的障がい者の子供を連れてルルド巡礼に同行することを「混乱を招くだけで、何の意味も無い」と教会からも断られ、深い孤独と苦しみを味わったひとつの家族から生まれました。どんな家族も孤立しないで居られる場があってほしいという願いを込めて、知的障がいを持つ人とその両親のために、友人、特に青年を誘ってルルドの巡礼のための小さな共同体が組織されたのです。一五～三〇人のグループを作り、共に祈り、互いを知り、共に楽しみ祝い、巡礼の意味を深く理解するため定期的に集まりを持つように提案された小さな共同体が三年間で口コミで膨れ上がり、一九七一年の復活祭に集まった巡礼団のメンバーは一万二千人にもなりました。ルルドで起こったことは、想像を遥かに越えて、頭ではなく心の奇跡でした。多くを話すことのできない一団は、突然堰を切ったように、ただ一つの共通語「アレルヤ」を歌いだし、祈り、あいさつを交わし合い、その三日間ルルドの町は大きな平和と喜びの場に変容しました。親たちは、自分の子供が平和と喜びの源になりうるのだということを発見し、ハンディキャップを持つ人は、この催しが自分たちのものであり、多くの人々に喜びをもたらしたのが彼ら自身であったことを悟り、手助けするために同伴した青年たちは、してあげたことよりも多くのものを受け取っていることを発見し、ハンディキャップを持つ人と強い絆で結ばれました。――引用終わり。

「信仰と光」の説明の中で、私が特に感心したのは「障がい者は家族や友だちの世話になるばかりではありません。彼らは家族や友だちを助ける人々でもあります。」ということでした。これは娘や娘の友人たちとの生活で感じていたことでした。今から三〇年以上前の日本では聞けない言葉でした。私が働いている「愛実の会」はもともとは「障がい者・友だちの会・愛実」でした。私たちは「友だち」として互いに助け合う会だということを明記したのです。「友だちの会・愛実」でもよかったのですが、どういう特徴を持つ「友だち」なのかをわかりやすくするために「障がい者」を付けたのでした。お世話をする相手としてだけではなく、「互いに助け合う友だち」。ラルシュのリトリートではよく講師たちがコア・メンバーの示唆に満ちた言動を紹介してくれます。大田さんからもメンバーのとっても素敵なお話をよく聞きます。私たちも謙虚になったら、弱者とされている方々の姿や言葉の中にある人間の真実を聞き取ることができるかもしれません。「障がい者」という言葉を使うたびに、受ける者と与える者という立場が固定化し、上下関係になっていないかと反省させられます。

三　弱さを誇る

二〇〇一年にフランスのルルドで行われた「信仰と光」の世界大会に参加した帰り、ラルシュ・ホームの創設の地トローリ村に行った。ラルシュでアシスタントや責任者として過ごしてこられた大田美和子さんが「せっかくだからテゼに行きましょうか?」と誘ってくださり、一緒に滞在していたKさん、Yさんも共にテゼに向かった。滞在先のコンピエーヌからパリまで列車で約一時間、パリからTGVで約一時間半。その後バスに乗り、広い丘が続くところに美しいテゼの村があった。世界中からの人々がテゼで讃美歌を歌い、また沈黙しながら真剣に祈る姿に感動させられた。テゼではテントに泊まる、小屋に泊まるなどの選択ができた。「我々は年寄りですから小屋がいいでしょう。昼はこんなに暑いですが、寒い時は寒いので二泊の予定を一泊にしてもいいですよ」と大田さん。乗換えのたびにスリに気を付けるように、男性のKさんには女性の荷物を網棚に上げるように指示し「我々は年寄りだから無理しないでおきましょう」を連発した。

そのうち、Yさんがひどく不機嫌になり「年寄り、年寄りって失礼よ」と怒り出した。困った私は大田さんにお願いした。「年寄りって言うのをやめてくれませんか」と。長い海外生活からイエス・ノーをはっきり言う大田さんは、「わかりました。言わないようにします。でも、私はね、年齢よりも若く見られ、若い人から同じような仕事量を求められることもあり、自分でも頑張ってしまうので、『年寄りだから無理できないのよ』と言うようにしているの。これまで頑張ってきたんだから、自信を持って若い人に頼っていいのよ」とも。三月だったが、テゼでは翌朝に雪が降り、「年寄り」はやっぱり寒さに参り、一泊だけで滞在先に戻ったのだった。

私たちが「年寄り」と言われることに抵抗を持つのは何故か。この言葉にマイナスイメージがあるからだろう。私は今、自分の弱さを認めざるを得なくなって、「私は年寄りだから」を連発している。年寄りにしかできないことがあると開き直ってもいて、「アンチエイジング」という言葉を聞くたびに年齢相応でいいのにと思う。このことを思い出したのは、他者の「弱さ」を受け入れず、攻撃する言動をよく聞くからだ。

年老いた友人から「悲しい」という電話がある。内容は「息子が自分を怒る。いろいろ忘れる自分がいけないのだけど、死にたくなる」と。誰でも親の老いは受容し難い。私たちが相手の弱さを見ると不安になり、怒るのは何故だろう。障がい者も年寄りも「弱さ」を隠せない。だからか、互いに弱い人の前では安心できる。攻撃されないとわかっているからだろうか。ところがある時、障がい者や年寄り、赤ちゃんの弱さが私たちの怒りを引き出すこともある。か弱い相手を攻撃してしまって、時々後悔もする。冷静な時にはしないのに、切羽詰まると弱い人を攻撃してしまう。

ラルシュ・ホームで暮らす障がい者は「コア・メンバー」と呼ばれる。メンバーとアシスタントがいい関係で暮らしている姿にあこがれてきた。メンバーの弱さを受け入れ、アシスタントも自分の弱さを受け入れる。大田さんが「年寄りだからできないことは助けてもらっていいの！」と言えるのは、メンバーたちが堂々と弱さと共に生き、弱さゆえに他者の痛みに共感していること、彼ら自身が持つ力でアシスタントやメンバーたちが相互に助け合うという体験をしてきたからだろう。弱さは攻撃の対象ではなく、弱いからこそ助け合うということが当たり前の社会にしたいものだ。年寄り同士が互いの忘れたことを笑いあっているように、若い人も年寄りの弱さを笑いとばせたら、何かが違ってくるのではないかと思う。壮健な時だけが人生ではないのだから。

四　欠点あり、時々いいところも

はじめて「ラルシュ・ホーム」のアシスタント経験者に出会った時のこと。さぞかし、人格者で何でもできて、誰からも好かれる人だろうと思っていた。ところが、それは幻想で、私と同じく社会性に乏しく、欠点もあったのでびっくりしたものだ。ラルシュ・ホームの特徴のひとつは、人間の均一化を求めないで、各自の個性を重んじながら一緒に仕事をするということかもしれない。大田美和子さんがフランスで紹介してくれた元アシスタントたちは気さくな、親切な人ばかりだが、長い間一緒に仕事をしてきたアシスタント仲間にとっては、欠点も失敗も多い仲間だったようだ。そういう欠点を互いに補い合いながら二〇年、三〇年と仕事をしてきた彼らは、アシスタントの現役を退いた後も家族のような親密さで助け合っている。

ある時日本でのこと、ジャン・バニエに「ラルシュ・ホームのアシスタントは長く勤めますか?」という質問があった。「長い人もいますが、短い人もいます。どちらも大切です。長い人は安定を、短い人は外からの風を運んできてくれます」とジャンは答えた。その時に私の、勤務年数が長ければ長いほどいいという価値観が壊れた。そうなのだ、人生の通過点のようにひと時を共にするアシスタントもいれば、二〇、三〇年とラルシュ・ホームで暮らす人もいる。どちらも貴重な存在だ。

新しいメンバーやアシスタントが来れば必ず、緊張や葛藤が生じる。せっかく落ち着いた人間関係が、一からやり直しということも起こる。問題が起こる。私たちは問題の起こるのをいかに防ごうと考えるのだが、ラルシュ・ホームでは「問題があって当たり前。大事なことはそれにいかに対処するか」だという。冷静に考えたらどこの家もどこの組織にも問題はある。人間が生きている証拠みたいなものだ。問題が無いというのは誰かが困っていても声を上げられないということであって、その方が問題だとバニエさんは言う。人間関係で、うまくいかないことは多い。そんな時、フィリピンのラルシュ・ホームの草創期を担った島田恵子さんは言う。「話し合うことね」と。顔も見たくないくらいの関係になっているのに、「話し合うなんてできない」と思うが、この話し合うとは「お互いの気持ちを聞きあう」と言い換えられる。議論したらますます喧嘩になるが、相手が何を思っているのか、聞く。自分が何を感じているのか話す。そして時間をおいてみる。相手と距離を取ってみる。何かが変わるはずだ。それでもうまくいかない時はラルシュ・ホームにも逃れの道というか、次の道が考えられている。

時には互いの欠点や弱さを受け入れがたくなって、任期の交代時期や任期途中でもアシスタントが辞めたり、別の家に移るということもあるようだ。移るという選択肢があるのもいいものだ。もう一度共同生活に挑戦することができるわけだから。静岡にある「ラルシュ・かなの家」も名古屋でラルシュを目指す「フレンド・オブ・ラルシュなごや」も個性的な働き手やアシスタントが多い。（名古屋の人たちに言わせると、島が一番個性的だそうだが）なぜかと考えると、ここでは均一化を求められないので、いっそう個性が際立っていくのではないかということだ。それは自分を押し殺したりしないで自然体で働くことだから、いわゆる社会で行われている「空気を読む」とか「普通には」ということが無いのだ。どうしてこうなるのかと考える。他人と同じでないと一人前ではないような価値観の中で、障がいを持つメンバーたちは隠しようのない弱さを持って生きている。その生きざまを通してアシスタントも切羽詰まったりしながら、自分の弱さを認めざるを得なくなる。それはある意味で解放でもある。なぜなら、ラルシュの仲間は弱さがあっても当然として受け入れ、共に生きようとしてくれるからである。かつてあるアシスタントが私のことを「ふつうのおばさん」と言ってくれたのは嬉しい言葉だった。そう、私はわがままで、自分勝手できまぐれなおばさんなのだ。それでも大事に思ってくれる仲間に「ありがとう」と言いたい。

五　自信を持つこと

フランスのラルシュ・ホームやラルシュかなの家のメンバーに接していて感じるのは彼らののびやかな自由さである。彼らが自然な笑みを浮かべたり、自由に振舞うのはどうしてなのだろう。周囲が彼らの良さを認め、困った部分については触れないようにしているのだろうかと考えて、大田美和子さんに聞いてみた。大田さんによれば、彼らの良さはもちろん認めているけれど、困る部分についても隠したりしないで、率直に話し合ったりするということだった。

人間関係で、私が経験するのは、ある人の困った部分がいつも話題になり、その人の一部分でしかない「困った部分」が全体であるかのように過大評価?されて、その人のよき面は無視されるような状況だ。もし、私が施設利用者になり、職員のモニタリングの対象になったら、私の「頑固さ」が問題になるだろう。「あの頑固さがもう少し、柔軟になったらね～」とか嘆かれるかもしれない。だが私にとって、この頑固さのおかげで、多くの反対にもかかわらずデイケア施設などを創設することもできたので、簡単に手放せない資質なのだ。もう少し年取ったら誰かが「そろそろ手放しましょうか?」とアドバイスしてくれるかな?

個性的なメンバーたちは、周囲にとって困った面を持っていて、責任者は真面目にその困った面を無くしたいと考える。どっこいそうはいかないのが現実である。それさえ解決したら、関係がうまくいくと錯覚しているが、そんなものではないだろう。個性というものはいいことも困ったことも両方備わってこそ個性で、その人そのものなのだ。むしろ、なぜ受け入れがたいのか? なぜ、自分がその人のその部分にこだわるのかという周囲の問題の立て方、問題視することこそ考慮することが大事だろう。

大田さんが同じホームで暮らしたことのあるメンバーの言葉を教えてくれた。「私はハンディキャップだけど、全部がハンディキャップというわけではない」と言ったそうだ。「ハンディを持っているし、暮らしにくい面がある、でも自分の全部が全部ハンディキャップではない」とでも言えばよいだろうか。障がい者と言うと、感じ方や知性に欠けがあり、人格的に劣るというような見方をしてはいないか。ラルシュ・ホームで暮らし、ハンディを持つ面をことさらに強調されることなく、人格を持つ人として接し続けられたメンバーたちの顔には、誇り高い何かが漂う。媚びる笑いもなく、自然な笑顔なのだ。

時々、わが愛するメンバーやアシスタントがのびやかに過ごしているかのぞいてみる。当たり前のことだが、何かしら問題が起こっていて対応に迫られる。生きるってことは問題だらけだ。なによりも願っているのは、メンバーがラルシュのメンバーのように胸を張って堂々と暮らすことである。人の顔色を窺って生きるのではなく、自信を持って生きてほしいと願っている。

教育というシステムは抗いがたく縦の関係である。アシスタントが入って来たときに、新人さんは無意識のうちに自身が受けたしつけそのままに、メンバーに高圧的に訓練めいたことを行おうとする。いいモデルがいてもその姿を見て、まねをするということも難しい新人さんもいる。いかに私たちが受けてきた教育は問題が多いかということだろう。年若いアシスタントが年上のメンバーに説教したり、愚痴みたいなことをメンバーに聞かせ続けるアシスタントもいたりして、いやはやと思うこともある。

アシスタントものびやかな環境で働くことを保障され、その心地よさをメンバーとも分かち合えたらいいのにと思う。私の自信はどこから来たのかと考えると、頑固なまま、周囲に愛されてきたことにある気がする。みんな！のびやかに生きてるかい！

六　目の前の人を

さふらん生活園とヨナワールドの礼拝メッセージを月一回担当している。今月は「あなたがたは、以前には暗闇でしたが、今は主に結ばれて、光となっています。光の子として歩みなさい」エフェソ書四章八節だった。はて？　どんなことをお話ししたものかと前夜まで考えていたが、忘れられない思い出をお話しすることにした。

今から、二六年前のこと。ジャン・バニエは日本で二回目のラルシュ・リトリートを愛知県美浜で行った。今も、その時もカトリック教徒だけではなくプロテスタントの人もリトリートに参加し、様々な責任を担った。私も聖餐式の担当者として参加した。娘の陽子は瀕死の状態で大学病院に入院していた。娘を友人に託して、美浜まで四日間通った。一九八七年六月に出会っていたジャン・バニエと通訳を担当していた澤田和夫神父は「陽子は元気か？」と聞いてくれた。「もう再起できないかもしれない。入院している」と告げると、リトリート後に二人はお見舞いに寄ってくれると言う。そんな嬉しいことは独り占めしてはいけないと思い「病棟のこどもたちにもお話してください」と頼んだ。「いいよ」との返事。その後、ふと思い立って「あの、病棟の看護師さんたちに『こどもたちに優しくするように』言ってくれませんか」と頼んだ。「いいよ」

その日が来た。プレールームに子どもたちが集まって座り、後ろの方には看護師さんたちがいた。ジャンは言った。「みんなどんな病気かな？　私も腎臓が悪いんだ。で、みんなは自分がとっても素晴らしいってこと知っている？」と聞いた。ぽかーんとするこどもたち。

「え〜、素晴らしいのに、誰もそのことを教えてくれなかったのかな。残念だなあ。ところで後ろにいる看護師さんたちのこと好き?」こどもたちはいやいやと首を振った。「おうちの人は好き?」うんうんとうなずくこどもたち。「そう、おうちの人は君たちのこと大事にしてくれるから、早く家に帰りたいんだね。大事にされると嬉しいよね。」うなずくこどもたち。

「後ろにいる看護師さんたちも君たちに大事に思われたいんだよ」と言った。こどもたちもぽかーんとしたし、私は内心、「反対です。看護師さんがこどもを大事にしなくちゃいけないのです」とあわてた。(が、看護師さんたちが忙しさや報いられない出来事に疲れてしまって、優しくできないことをジャンは理解していたのだ。彼らに必要なことは正当に労われ、『ありがとう』と感謝されることだと。)

ジャンは続けた。「君たちが素晴らしいのはね。目の前にいる人を大切に思えることです。『あなたは大切な人です』って思うと、目も手も『あなたは大切な人です』ってお話しするんだよ。」と言いました。傍らで聞いていた娘はにこにこし始めました。何かを発見したのです。「自分は食べる楽しみも失い、病院で寝ているだけ。でも心の中で『あなたは大事な人です。会えてうれしい』と思えば、自分の不自由な眼も手も『あなたに会えてうれしい』とお話する」と気が付いたのでしょう。それから奇跡的に退院した娘は、自宅で家に来る人や私たち家族を「歓迎する」という仕事をして、天に還っていきました。

過ぎた日々の話ですが、今もこのことが求められていると思わされます。さふらん会のメンバーさんに「大切にされると嬉しいよね」と語りかけた時、話に注目し、うなずいてくれました。光の子として歩けない辛い日もありますが、自分がしてもらって嬉しいことを、隣人にもお返ししていきたいと思わされたことでした。「あなたは大切なひとです」と。

七　共感の力

最近は精神医療の分野で、べてるの家の歩みが国際的にも注目されている。べてるの家は「三度の飯よりミーティング」というような合言葉で互いの話を聞きあう時間を持ちあっている。「当事者研究」として精神障がい者が自分の日々の症状を研究して報告するというユニークな活動も注目されている。

私は所属する委員会や職場や教会で、互いの気持ちを聴きあう「わかちあい」という時間を持つ努力をしてきた。最初はたいてい抵抗される。抵抗の理由は「自分の気持ちを話すなんて恥ずかしい」ということが一番であろうが、生産的でないと思われるようだ。が、能率よく進めたい会議でも誰かが怒っていたり、集中できない思いを抱いていたりして、非生産的なことも多い。いろいろな会議でなんとなく感じるのは、本音を言わない人ほど、話が長くて、内容を理解するのに疲れてしまう。

「わかちあい」のやり方はこうである。会議の前に、近況報告のように、全員が最近の出来事や心象風景を一つ話す。この時の取り決めは①何を話してもいい。②議論しない。③秘密を守る。という簡単なルール。夕方や夜の会議などでは、疲れているので、その日の出来事や互いに会わない間に体験した嫌な出来事などを一通り話して、聴いてもらうとなんだか元気も出てくる。そして「わかった」と互いに言わなくても何を喜び、悲しみ、どんな日々を過ごしているのかという深い所での共感を与えられる。

一回りしたら、会議に入り、司会者が一方的に話し続けるのではなく、それぞれが報告し、討議してほしいことを話す。ほとんどの会議でこのプロセスを経て、会議に入るとスムーズになり、時間が短くなった。おまけにプライベートな問題を抱えていても、そこで聴いてもらうとすっきりするのも「おまけ」みたいなものでありがたい。それほど「分かち合い」というスキルは人間関係を生きる私たちにとって有効なスキルだと思う。語る人はこの時間を有効に使うためには、その時難しいと思っていることについて可能な限り話すほうがいい。もちろん、パスすることもあるが参加者一同が耳を傾けていて聴いてもらえるというぜいたくな時間なのだから、パスするのはもったいない。話せないほど深刻だったり、何が問題なのか分からなくて無力感に浸っていることもある。そんな時は参加者がその人を見守り、声なき声を聴くという時間にするのも有効だろう。

教会の礼拝に時々来て、よく話す人のおしゃべりが止らないので、「礼拝の前後は、皆さんの様子を見て、今自分が話していい時かどうかよく見てから話してね」と注意した時のこと。彼はこう答えた「みんな話を聞いてもらいたがっているんだよ。島先生ももっと人の話を聞きなさい」と。おお、分かっているじゃないか。誰もが心の思いを聞いてもらい、自分も聴くというコミュニケーションの中で満たされるのだと思う。だらだらと世間話するのではなく、心に引っかかっている事柄について話し、聴いてもらう時、すっきりすると思う。この時間が理解できなくて自慢話をする人もいる。聴くほうも苦痛だが、語っている本人自身が満足できないのも不思議なことだ。愚痴ではなく、素面で本音を語る時、私たちがこだわっている事柄から解放されるというのはほんとうに不思議なことだ。慣れてきたグループでは話している人の話をさえぎったり、議論する人はいない。慣れない人の場合にそれが起こることがある。そんな時、「今は誰々さんの時間です」とか「議論しないでくださいね」と優しく言う。どこの場所でもこういうスキルが用いられたら、人間関係を生きるという仕事はバージョンアップするだろうなあ。

八　暴力の連鎖を断つには

イラク戦争がはじまりそうな時期にジャン・バニエ氏に面会した時のこと。「物騒な戦争が始まる！　どうしたら止められますか？　どうしたらいいですか？」と聞いた。「福音に聴くことですね」との答えだった。「はあ？　それって具体的にはどうしたらいいの？」との気持ちと牧師のくせにそういう答えを想像していなかった自分を恥じた。また、ある時、講話でジャン・バニエは障がいを持つ弱い立場の人のことにふれて「この人たちに耳を傾けたら世界は平和になる」という意味のことを語った。

流暢に語ることのできない人の声を、誰が聴くことができるだろうか？　もし聴くことができたとして、この暴力的な世界で彼らの声はどんな力を発揮できるのだろう。私は注意深く弱い立場の人々を観察し出した。そしてこの世界が暴力の連鎖に巻き込まれてがんじがらめになっていると思い始めた。

先日、白鳥庭園の池で孫たちが鯉に餌をやっていた。池の鯉たちは丸々太って見苦しいくらいなのだが、餌が投げられると我先にものすごい勢いで餌に突進する。鯉の中には病気らしい鯉やおできができてる鯉がいる。孫の一人が目立ったこぶのある鯉をめがけて餌を与えようとしていた。「優しいね」と声をかけると言った。「あの鯉ね、弱くて僕みたいなんだ。だから餌を食べさせたいんだ」「周りの鯉は強いのばっかりなんだ」と。その答えにドキッとした。

ジャン・バニエの語った話の中で「工場長が訳もなく社員を怒った。社員は面白くなくて家に帰って妻にあたった。妻はこどもに、こどもは犬に、犬は猫に」という話がある。ニヤニヤしてしまう物語だが、これは日常的に社会で起こっているし、歴史的な規模でも無意識のうちに行われている。アリス・ミラーは『魂の殺人』のなかでヒットラーの例などをあげて暴力の連鎖について解説している。この本を読むと、自分が無意識のうちに行ってきた行為や発言を思って恥じ入るばかりだ。過去の行為を取り消すことはできないのだが、アリス・ミラーは「暴力を受けた本人がその事実を意識化し、その痛みに共感してくれる機会が与えられると、無意識の暴力の連鎖はストップする」とも語っている。ここで意識化すること、共感することが大事だと示される。

小学生の孫たちを見ていると、自分が同じ年の頃の悲しかった出来事を思い出す。自分のこどもを育てている時には思い出す余裕がなくてただ叱り飛ばしていただけだった。今は泣いている孫、怒っている孫のそばで一緒に過ごす時間がある。ある日泣きじゃくる孫と一緒に過ごした。少し時間が経って落ち着いた孫が言った。「おばあちゃん、今日は話を聴いてくれてありがとう」と。びっくりした。私が聴いたのは「なんで怒っているの」ということだけで根掘り葉掘り聞いたわけでもない。ただ、泣きたいだけ泣いたらいいと思って泣くのを制止しなかった。私自身も戸惑いながら抱きしめて黙っていた。何が正しいとか言うのではなく一緒に悲しみに共感したことでこんな言葉をもらえて「こちらこそありがとう」だった。

ジャンが言いたかったことは、弱い立場に置かれている人々の姿を見つめたら、「この世界の、歴史的な暴力性がわかるでしょう！」ということなのかもしれない。

六歳の孫娘がある時やんちゃを言って泣いてあばれる妹（四歳）に向かって言った言葉は「八つ当たりはやめなさい」だった。これにも仰天した。そうなのだ、この世界はいかに八つ当たり的な暴力に満ち満ちていることだろう。不当に扱われた痛みを互いに聴きあいながら、暴力の連鎖をストップする知恵が必要だ。

九　その人が大事にしているものを大事に

この間、さふらん会で以下のお話をさせていただきました。あれこれと工夫しながら担当しますが、メンバーさんの様子を見ながら話すのは緊張の連続です。

私の三番目の孫は小学二年生です。幼稚園の年長さんの時に私の近くにお引越ししてきました。その年のクリスマスにサンタさんに「スターウォーズ」に出てくる剣士が持っているライトセーバーという剣をお願いしました。でもサンタさんは小さな子どもにはそれは危ないと思ってか、クリスマスプレゼントにはライトセーバーが届きませんでした。ライトセーバーは伸びたり、縮んだり、先も尖っていて幼稚園児には危険だったのです。

願っていた物が届かなかったため、孫ががっかりしていたので、私は新聞紙で剣を作ってあげました。それを孫はとても喜んで、会うたびに何本も何本も新聞紙の剣を作らせ、外出時には必ず持って出かけました。腹巻をいつでもしていて、その剣を腰に差すのです。新聞紙の剣は格好悪いと思うのですが、「おばあちゃんが作ってくれた」と言って喜んでくれるので私も嬉しかったです。

新聞紙の剣は私の部屋にも彼の家にもいっぱいあって、私の部屋に来ると「僕のライトセーバーはどこ！」って聞くので、いつもベッドの下に置いておきました。

昨年のクリスマスにサンタさんはとうとう本物のライトセーバーをプレゼントしてくれました。電池できらきら光るし、伸び縮みする立派なサーベルです。

もう新聞紙の剣は卒業だろうなあと思って、「これもう捨てようか？」というと、「ダメ、まだ使う」と言います。（布にくるんで持っていった新聞紙の剣を見せて『これをみなさんにあげるわけにはいきません。もちろんみなさんはいらないでしょうが』と紹介しました。）

今、彼は私的な外出のたびにライトセーバーを剣士のように持って歩きます。そして新聞紙の剣も大事にしています。だから、彼の気持ちを考えて、私も新聞紙の剣をベッドの下に置いています。（彼のお母さんは、とっくに彼の家にあったゴミみたいな新聞紙の剣を捨ててしまいました。私も捨てたいのですが、私の部屋に来ると新聞紙の剣があると安心している様子なので捨てられません。）

聖書には神様が私たちのことを大事に思っていてくださると書いてあります。

私も大事に思っている人やものがあります。小さなお花を一緒に見て「綺麗だね！」と言うと「そうだね」と言ってもらうと自分が大事にされたように嬉しくなります。

だから、その人を大事に思うということは、その人が大事にしているものや考え方を大事にしてあげることかなあって思います。

神さまはひとりひとりを大事に思ってくださっているのだから、私たちもお互いに大事にしあっていきましょう。

十　協力し合って

いつの日からか、「協力してね。人生は協力だよ」って声かけしながら、メンバー（デイケアや居宅介護を受けている人々）と暮らしてきた。Kさんは一五年くらい前から名古屋堀川伝道所の礼拝に月二回ヘルパーと通い続けている。彼はデイケアでも大きな声を出して何か叫んでいるが、周囲には彼の言いたいことがなかなかわからない。だからその声が続くと「うるさいなあ」と思われてしまう。時々、タイミングよく彼の意思がアシスタントに通じたり、あるいはアシスタントの対応が彼を納得させるものだと静かにしてくれる。こんなふうに諦めずに意思を通そうとするメンバーの勇気に感心もするが、困ることもある。

最初は礼拝中、急に叫ぶように彼が声を出すと飛び上がりそうにびっくりした。奏楽者も私も一瞬思考が停止してしまった。戸惑いから、狭い礼拝場所に集まった人の気持ちもざわざわしてしまう。それで、礼拝の前にKさんに「Kくん、今から礼拝だから協力してね。讃美歌の時は大声出してもいいけどね」と話しかけてきた。いつの間にか、彼は協力的になった。大声で叫び続けていた頃も彼は伝道所の大事な参加メンバーだったが、一五年前には意思の疎通ができないと思っていたから、今、彼が私たちに寄り添ってくれている姿に感心する。

二ヶ月ほど前に礼拝参加者の一人が「ここはすごいところだ。食事を持ちより、食事の後はそれぞれができることをさりげなくしている。病気の母のために余ったおかずを持たせてくれたりして母も感謝している。そして島さんはKさんに『協力してくださいね』と話しかけている。普通は『うるさい！　黙れ』と言うのに『協力してください』だし、Kさんも協力している。すごいことだ」と言った。そんなの当たり前だと思っていた私は嬉しかった。たぶん、他の方々も嬉しかったと思う。

そしてあらためて「協力」という言葉について考えた。十字の隣に力が三つ。賀川豊彦は「協同組合」設立の時に「十字架のもとに力を合わせる」という意味のことを語ったそうだ。愛実の会の「人形劇団紙風船」は、車椅子のメンバーの前に人形を置き、人形を糸で操る。そのメンバーの車椅子をアシスタントが押して動いて、劇を展開する。クリスチャンのリーダーはこれを「三位一体の活動」と呼ぶ。人形も、メンバーも、アシスタントも単独では演技できないが、協力し合って演目を演じる。見慣れた私も見るたびに感心したり、感動する。

「協力してください」という言葉の意味は、「あなたの意志でこちらの願いを聞いてくださいませんか。」という響きかなあ。発する口調で命令に聞こえる時があるかもしれない。私は「あなたの意志があるでしょうが、ここはひとつこちらに寄り添っていただけませんか。そうしないと力のない私たちが困り果ててしまうのです」という気持ちかなあ。互いに忍耐しながら協力し合う。互いに一人では生きられないからね。相手の言動を我慢するのではなく、「協力する」という意志にすると積極的なものに変わる気がする。

十一　壁を越える笑顔

三番目の孫のIが幼稚園の年長さんだった時のこと。家で、Yさんと三人で一緒にいた。Yさんは私の亡き娘の養護学校の同級生であるから、Iにとってはおばさんみたいな存在になる。シャイなIが、近くにあるボールを持ってきてYさんに渡した。一緒に遊ぼうという感じだった。Yさんはそのボールを受け取って、戸惑う笑顔でIに渡した。Yさんは言葉を駆使しないが、こちらの言葉はわかるのでコミュニケーションができる。二人ははにかみながら、自分より弱い存在の相手を労わる感じで、互いを遊んであげてる、という感じで微笑ましかった。

同じころ、メンバーさんの一人がIの服を強く引っ張ったことがあった。Iはそのことにびっくりして、しばらくそのメンバーさんが近づくと「おばあちゃん、助けてこわい」と泣いたこともある。最近は「ぼく、だれだれさん　こわくなくなった」と言う。

そのIが小二になった。先日、Iとさふらん会に出かけた時のこと。さふらん会の利用者さんたちは、愛実の会のメンバーさんと違って、車椅子を使っている人は一人ぐらいで、ほとんどの方は歩けるし、おしゃべりもしたりする。その方々が近づくと、こっそりとIが私に質問した。「あの人も障がい?」私「そうだね」「あの人も障がい?」私「そうだよ」と答えながら、何か違うなあ、と困ってしまった。質問もおかしいし、それに応じる私の答えもおかしいと思えたのだ。「どうしたものだろう?」のままに孫もメンバーさんたちと礼拝をした。そんな時間の中で私にはあまり笑顔を向けてくれないメンバーさんたちがIを愛おしむように見て、笑顔を向けていた。ふーむ、この笑顔いいなあ。かつてのYさんみたいに、互いを労わり、かわいいね、会えてうれしいという感じ。

障がいを持つ人や見知らぬ人に接する時、私たちは相手を枠に入れて理解しようとする。「こんな人に会ったことない、接し方わからない？」そんな警戒心をがらがらと崩すような笑顔の交換があると「障がい者？」「障がい者でなければ何者？」という枠は消えてしまう。

その後、こどもの教会で、「障がいを持つ人たち」のことを話し合った。それぞれ学校などでいろいろな障がいを持つ人に出会っていることがわかった。でも戸惑っている様子もありあり。自己紹介の時、私は教会関係だと「名古屋堀川伝道所の島です」と所属を頭に着ける。でも、「障がい者の島しづ子」とは言わない。「島しづ子です。わたしにはこういう不自由なことがあります」となら言うかもしれない。「障がいを持つ人」もそう見られたいと思うと話をしたけれど、語っている自分でも難しいと思った。三〇年以上も障がい者差別問題に関わってきた人間だが、孫の質問に戸惑っている。誰だって自分の名前の前に「障がい者」という看板はつけたくはない気がするだろうと思うがどうなんだろう。

十二　小さい魚

イエス様が行った奇跡で大勢の人たちに食物を与えた出来事は印象的である。食べることは誰にとっても生きるために必要である。「祈りを教えてください」との願いに応えて、イエス様が教えてくださった「主の祈り」（ルカ福音書一一章一～四節、マタイ福音書六章九～一三節）、にも「私たちに必要な糧を毎日与えてください」（ルカ一一章三節）とある。充分な食事ができない人々、戦火にさらされていることもたちのことを思うと、自分だけで豊かな食事をするのが申し訳ないような気持ちになる。

名古屋におけるホームレスの方々への炊き出し活動は三〇年以上になる。相変わらず、充分に食べられない方々がいる。また、野宿からアパート生活になった方々も多い。「いこいの家」は野宿をする方々の昼間の家として始まったが、近年はアパート生活を始めた元野宿者も利用している。「なぜ、自分のアパートがあるのに来るのか？」と思ったものだ。おじさんたちに近く接しているスタッフから聞かされるのは、アパート生活とはおじさんたちにとっては「危機でもある」ということだ。なぜか？　野宿していた時は仲間がいるが、アパートではひとりだけ。自分が出かけて行かない限り、孤独、孤食のまま。それで、「いこいの家」に来る。そこでは話をしたり、聞いたり、情報を仕入れたり、仲間と時間を過ごせる。というわけで、野宿者のための家は、さらにおじさんたちの潜在的な願いに応える場所となった。

名古屋での初期からのホームレス支援活動の中心だった藤井さんたちは、以前から年に一度、アパートに入居した方々とクリスマス会と称して鍋を囲んでいた。ここ数年は他の人たちによって食事会が頻繁に行われるようになった。いこいの家のスタッフのひとり林正史牧師がスタッフ会でこういう提案をした。「毎月一回土曜日に夜回りしているボランティアで食事会をしたいので、会場を使わせてください」と。「ボランティアって誰？」と聞くと、ほとんどが元野宿者でアパート生活をしている仲間だそうだ。自分たちが以前していた野宿生活を強いられている仲間のために、夜回りなどを手伝っているようだ。そして野宿している仲間たちの状況や気持ちがわかるから、林牧師のような立場の人は教えられることも多いとか。そういう意味では私など全く教えられることばかりである。ボランティアという形で他者とつながっている人たちはいいけれど、全く一人でアパートにいる方は心配だと林牧師は言う。孤独から病気になる人も多いというのだ。

一緒にご飯を食べることが何重にもいいことが、多くの支援グループで見直されている。他の元野宿者の人が中心になっているグループは毎月一回、アパート生活をしている人を訪問する活動をしていた。入居後の安否確認なのだろう。それぞれの家の訪問の代わりに月一度「いこいの家」に集まって一緒に食事をすれば互いのことがわかるから一石二鳥ということになったらしい。いこいの家は金曜日、土曜日が空いているので、林牧師やその他のグループがそういう時に使ってくれるので運営の励ましにもなっている。それらの活動は、ただ腹が膨れたらいいということだけではなく、互いに気にかけあう仲間がいるという、心の糧でもあるようだ。

イエスの食卓にいた人々も食べることと共に、仲間との出会い、助け合いを体験したのではないだろうか。四千人の人々を食べさせるには巨大な食糧貯蔵庫が必要である。ところが、奇跡の元になったのは七つのパンと小さい魚だったと聖書にある。同じような記事の他の記述では五千人の食事の元になったのは五つのパンと魚が二匹である。わずかだけれど、それも無かったら奇跡は起こらなかったのかもしれない。そういうことを思うと、私たちの小ささでも何かの出発点になるかもしれないという希望を与えられる。

第二章

「尊敬しています」

1988年　「愛実」夏のおでかけ

一　分かち合わなければ

わたしは神が宣言なさるのを聞きます。主は平和を宣言されます。御自分の民に、主の慈しみに生きる人々に彼らが愚かなふるまいに戻らないように。主を畏れる人に救いは近く、栄光はわたしたちの地にとどまるでしょう。慈しみとまことは出会い、正義と平和は口づけし、まことは地から萌えいで、正義は天から注がれます。主は必ず良いものをお与えになり、わたしたちの地は実りをもたらします。正義は御前を行き、主の進まれる道を備えます。

（詩編八五編九～十四節）

私は一九九八年八月一五日からフィリピンのマニラとダバオと、それからダバオの南の方にあるセブという湖の近くの山の中に行ってきました。それはアジア保健研修財団の研修の一つとして行ったのです。アジア保健研修財団は日進市にありまして、一五年ほど前にアジアの保健医療に奉仕する草の根ワーカーたちを育てたいということで始まりました。アジア研修財団がどういう目的で働きを進めていくのかということを話し合う場で、何人かの方が、日本の戦争責任の立場ということを非常に強調されました。アジアに対して日本には戦争責任がある、その一環として自分たちは、アジアの保健に貢献したいと提案されました。こちらから出かけてたずさわるというよりも、現地の人たちに医療活動を担って貰うということができないだろうか、そのためには日本に研修に来てもらって草の根ワーカーを育てたいということだったわけです。ですから、アジアの保健活動に責任をもつということと、それから日本の戦争責任の謝罪の一つとして始めたいというのがアジア保健研修財団の始まりでした。

その仕事の一つとして私は、フィリピンのダバオにあるＩＰＨＣというダバオ医科大学が行っている初期医療、第一次医療（プライマル・ヘルスケア）を見に行ったわけです。最初にマニラに着いて、マニラからまた飛行機で二時間くらいで、ミンダナオ島のダバオというところに着きました。ダバオから車で二時間半ぐらいでマグサイサイという地方へ行きました。最初に行った村では二年前に、遠くの山の泉まで長いパイプを通して行って、村に水道が引かれたのです。とても画期的な事業だったらしくて、誇らしげに話をしてくれました。その村は電気がありませんでした。そして、お医者さんに行くのはダバオの町まで何時間もかかるものですから、もし緊急の事態が生じても初期的な手当すらできないんです。

もう一つの村に行って私は泊まったんですが、夜遅くなってからの移動でした。電気がありませんでした。もちろん街灯もないんですね。懐中電灯で照らして行くと、大きなカラバオ（水牛）のうんちがあるんです。あくる朝、おうちの人と話したときに、女性たちがほとんど仕事が無い、家で子供たちの世話をするだけだというのです。男たちも、たいした仕事がなくて日雇い仕事だということです。散歩に連れ出して貰ったら、「風と共に去りぬ」に出てくるような広大な家の周りに農地が広がっている風景なのです。電気もない、水道もない、しかし豊かな農村という感じなんですね。畑にはあらゆる作物が作られていて、そして木はあらゆる食べ物がなる。ランは家の周りで栽培されていて、それは鑑賞用に作られていて、日本の篤農家のような気がしました。実際話を聞いてみると、現金収入がないから子供たちの教育にもお金がない。食べるものには不自由しないけれども、しかし子供たちの教育を受けさせようとするには不安があるわけですね。「五人子供がいるけれども、三人は学校に行かせることができても、二人は勉強させることができない。それは学用品を買うことができないからだ」という話でした。しかし、そこの人たち皆が、とても家族がまとまっていて、村が共同体としてまとまってるんですね。ですから、私はとてもうらやましかったんです。

ダバオ医科大学の一部に属するＩＰＨＣというところの人たちが、プライマリー・ヘルスケアをこの方たちに教えて、そこでヘルスワーカーたちが育てられて、それぞれの村から来たヘルスワーカーが、自分の村に帰って、遠くの川から水を汲んで来ているんだったら、それを沸かして使うようにして衛生に気を付けるとか、トイレがない所ではトイレを作って、住まいとトイレを分離して衛生状態に気を付けるとか、細々とした衛生の知識を村の人たちに教えたり、それから「これはもう医療が必要だ」ってときにはお医者さんに行くとか、そういうことをしているんですね。そのボランティアのヘルスワーカーが入ることによって、村が衛生状態も健康状態も各段に良くなってきているわけです。そういう活動を見て、「アジア保健研修財団は非常にいい働きをしているな」と思いました。

私はマニラに行きました。マニラにはスラム街があります。このスラム街で主に活動しているアカップというグループを訪ねたのです。アカップとは「国民に捧げる保健運動」という意味なんです。NGOの活動で、ドクター・ミータという女性が一九七〇年代に始めた活動です。彼女は結核の専門医なんですが、フィリピンでは結核患者が非常に多いんですね。教育が十分じゃないということが、結核患者が多い理由の一つと思われます。貧しいということも大きな理由です。そこで、ミータは教育したいと思ったんですけど、フィリピンは七〇〇〇の島々から成ってるのです。一つの島に一年いて教えても、彼女が生きている間には教え切れない。そこで、考えたのが、健康教育をして、その受けた人たちが、それぞれの村々に散って行って教えるということです。何をやって来たかというと、六ヶ月の間いろいろな所から村の有志に集まってもらって、初期的な知識を伝えるんですね。六ヶ月間毎週一回ぐらい集まってもらって、健康の知識を受講するそうです。それが終わると、自分を送り出してくれた地域のヘルスケアワーカーとして働くんだそうです。六ヶ月ぐらいの間で、かなりのプロになってしまうんですね。

それが実践されたラスピアスという村に私は行きました。カトリック教会があって、その裏に昔はスラムだったと思われるラスピアスの町があるわけです。とてもきれいでした。六畳ぐらいの部屋が一軒の家なんですね。そこに五人の子供と夫婦が住む。ですからすごく狭いんですけれども、以前はスラムだったと思われる所でも、非常に清潔な生活をしていました。そこを作り上げたケースワーカーの人たちが、「ここが私の働きの場なんだ」と言って案内してくれました。別の所に行きますと、水道が出てくる場所があって、「それも自分たちが作ったんだ。ここで、水をみんなが分けて貰って自分の家に運んでいくんだ」と言います。広場があって、そこには貢献した人の名前が書かれていました。「ここは私たちが作った所で、子供たちが今こうやって遊んでるけれども、集まりがあるときにはここで集会するんだ」と言って本当に自慢そうに見せてくれたんです。その人たちがかなり専門的な相談みたいなことを受けているんです。私は日本ではそんなことをしたら、医事法違反になると思っていたのですが、「そんなのもう問題外だ。医事法以前に必要だからやるんだ」というのです。ほとんどの人が小学校も出てないっていうんです。それで初期医療のケースワーカーができてしまうというのは、すごいなあと思ったんですね。

ラスピアスという村はそうやって、ボランティアのヘルスケアワーカーが、奉仕して一応清潔がたもたれて、健康状態が良くなったわけです。そしたらそこの人たちは、今度はもっとほかの困っている健康状態の良くない人たちのところへ行ってそれを伝えてるんだそうです。アカップっていうグループはスタッフがそのドクター・ミータと数人なんですが、マニラのいろいろな問題を抱えている村の問題を一挙に担うわけですね。そのアカップのグループがしているのは、六ヶ月の研修というのをずっと続けていくことなわけです。そうすると、研修を受けた人たちが次々と、それをしていないグループに伝えていくっていう形でやってるわけですね。

そこに行ったときに、子供の絵本のような本がありまして、結核について、一つの病気について一つの絵本が出来ていて、文字が分からない人にもその絵を見ながらケースワーカーが説明したり、あるいは興味ある人がその本を見れば、どういう風にすればいいのかなあってことが分かるような本が出来ていました。非常に分かりやすい、明快な、実践的な活動を見てきて私が感動したのは、「自分の村が良くなればそれでいいってことじゃない。自分の村が良くなった。けれどももっと困っている村がある。で、その村に自分たちが派遣されてそこでも村を良くしていく。良くなった村がまた次の村の問題を自分たちの責任と考えて継続していく」という。そこに「分かち合い」というものの姿を見せてもらった気がするわけです。

アメリカ大陸にメイフラワー号で、イギリスから渡って行ったアメリカの人たちは食べるものがなかったわけですね。多分インディアンと呼ばれていた先住民たちが種を分けてあげて、最初の収穫をして、そして、神様ありがとうって収穫感謝祭を祝ったわけです。あのときは食べ物がなかった。だから食べ物が与えられたとき、「神様ありがとう」。それから、何百年と経たないうちに豊かなアメリカができあがったわけです。しかし、豊かなアメリカが今何をしているかといえば、貧しい国に行って、いろんな物を売りつけて、そしてわずかばかりの物を奪っているわけです。それが「豊かになる」ということだった。

今日題にしたところは「分かち合い」ということなんですが、アジア保健研修財団のテーマも「分かち合い」なわけです。で、私は日本という国あるいはアメリカという国など、殆どの国が豊かさを求めて歩んできたんですけれども、その豊かさが、自らを豊かにするということで、そのゆえに他の人を犠牲にしても、何ら痛みを感じない。その豊かさは手に入れたけれども、失ったものがある。それは人と人とのつながりだというふうに思うわけです。で、今私たちの、豊かな国が目指すべきものといえば、それは分かち合うことではないかと思うんです。

旧約聖書の出エジプト記のはじめにモーセがエジプトの奴隷だったイスラエル民族をエジプトから引き出すときに、「あなたたちは、これから出て行く。エジプト人の金銀財宝を分けて貰いなさい」というんですね。私はこれを読んだとき、自分たちが解放されるんだから、自分たちの身一つで、まあわずかな食べ物を持って出て行けばいいじゃないかって思ったわけです。ところが、神様がモーセを通して、「エジプト人たちから金銀財宝を分けて貰いなさい」と言うわけですね。略奪行為だったんじゃないかと私は想像するんですけれども、その通りにして、多分宝石類なんかをイスラエル人はエジプト人から分けて貰って出て行くんですね。私は、長い間こうやって口にもしませんでしたし、解釈もしませんでしたが、考えてみれば、イスラエルの人たちは奴隷の生活を送って、エジプト人に貢献したわけですから、それに見合うものとして、それらを奪って旅に出たのかなあって思うわけです。どういうふうにやったかってことは疑問ですけれども、しかし私が今注目するのは、この事柄は、当然分かち合わなければならなかった物を分かち合わないで奪っていた、それはイスラエル人は自分たちの持ち分として持ち出して出たってことだと思うんですね。

しかし、イスラエル人は非常に苦労しました。四〇年間荒れ野で食べるものが無かったわけですね。そのつどマナが与えられ、水が与えられてイスラエル人は生き伸びていったんです。で、その時に神様が支えてくれたわけです。そしてその神様が「あなたたちは乳と密の流れる地に着いた時に、貧しい人、未亡人、孤児、それから外国人のことを忘れちゃあいけない。というのはあなたたちがそうだったから」と言うんです。

もしアメリカ人があの貧しかった開拓時代のことを忘れなかったならば、あるいは私たち日本人が貧しかった時代のことを忘れなかったならば、手に入れた物は当たり前ではなくって、それは私たちに神様が与えてくださったもので、当然隣人と分かち合わなくてはならないものだということを知っていたならば、世界は変わっていたのではないか、そのように私は思います。聖書の中にいつも「正義」と「平和」、あるいは「公平」という言葉が使われています。で、正義という言葉は、力の強いものが行使するものではなくって、神様が貧しかったイスラエルのために、弱い民族のために、虐げられている人のために使った力、それが正義と呼ばれています。

ですから、私たちが正義という言葉を考えるとき、あるいは聖書の神様の意志というものを考えるとき、力強い者がより強くなっていくってことではなく、弱い者が守られ、弱い者が満たされる、それこそが正義であり、むしろ力を持っている者はその人々に奉仕する、与えられている力は自分のため、自分の権力を行使するためではなくって、それは弱い人々に奉仕するため、分かち合うためのものなんだということを私たちは忘れてはならないのではないかと思います。もし日本や強いアメリカが再生する道があるとしたならば、自らの力で手に入れたと思っている全ての富を「神様から与えられた分かち合うべきもの」として位置付ける、それができたならば、きっと変わることができるのではないか。私はそのように思います。

　おそらく貧しいフィリピンの村も、私たちと同じような道をたどってしまうのではないかと思います。しかし、そのことが本当に幸せなことだとは私たちは言えない。だから、同じような歩みではなく、分かち合いながら、富を手にしていく道がどこかに無いか、そのようなことを私たちは貧しい村々と一緒に求めていきたいと思います。幸いなことに、そのような道を示してくださったイエス・キリストがいらっしゃいます。あの十字架の上で、権力を行使し人間を滅ぼすこともできる力を持っていたのに、人々の前に、ご自分を差し出してくださいました。「本当の力というものは弱き者に仕えるということなんだ。本当の力は自分自身を高めるためではなくって、自分の目の前の人を生かすために用いる、それこそが力なんだ」ということをイエス・キリストは示してくださいました。

　今も何かが起こるとき、神様の裁きだと私たちは思います。しかし、旧約聖書の神様は確かに罪を犯した人々を裁いていきました。しかし、新約の神であるイエス・キリストは、そのような裁きに値する私たちを裁くということはしませんでした。私たちの中にあるかすかな良心、かすかな信仰の光を認めてくださって、私たちに仕えてくださった。ここに私たちの世界が変わりゆく希望があるように思います。確かにこの道は厳しい道でありますけれども、私はこの道以外に世界と私たちの社会が再生していく道はないと思います。

（一九九八年九月五日）

二　産みの苦しみを引き受ける

ヨハネ福音書十六章十六～二十四節

あなたの夢はなんですか？

私には夢がありました。私が二十数年前に描いた夢は、重度の障がいを持つ娘や娘の友人たちが通うデイサービス施設を作ることでした。当時、養護学校の高等部卒業後、障がい者が働く通所作業所が作られつつありました。それらは親や職員の献身的な働きでやっと運営されていました。作業所に見学に行くと、どこも、隙間風が入ってくるような部屋で、机や積まれたダンボールにぶつかってしまうような狭い所でした。嬉しそうに案内してくださる先輩や作業している障がい者にお会いして、うらやましいけれど、これが現実なのかと胸が詰まりました。作業所が出来ただけでも、たいしたものなのです。なかなか場所を貸してくれる大家さんは見つからないし、あっても家賃が高すぎて手が出なかったりするからです。

私の娘と彼女の友人たちはそういう作業所に通うことができないことがわかっていました。ほとんどのメンバーが全介助といって、生きるために必要なこと（食事、排泄、着替、車椅子に移ること、降りることなど）が自分ではできなくて母親が介護していました。しかも、意識がはっきりしていても、話すとか、文字を書くとか自分の意思伝達手段をもたないので、自分を表現できません。

私の娘は百日咳脳症から一ヶ月以上の意識不明の時を過ごし、奇跡的に生還しました。が、病気の後遺症で体の自由を失いました。娘の友人たちもそれぞれ厳しい生命のたたかいをして、奇跡的に生き延びてきた人たちです。忍耐強く、素晴らしい人たちですが、話せない彼らは、「何もわからない人」と見られます。

私にとっても、娘や娘の友人たちの語らない胸のうちを想像することは難しいことでした。病後の娘には、母である私と他の人と区別がつかないと思っていた時期がありました。三歳の娘を通園施設愛光園に通わせていました。ある朝、先生が言いました。「島さん、陽子さんはお母さんが送ってきたときと、ボランティアさんが送ってきたときは笑顔が違いますね。」「えっ！　娘は私をわかっているんですか？」と半信半疑で聞きました。小さな変化を大げさに告げてくださる先生方に励まされて、私も注意深く観察し、小さな反応に励まされて必死で意思の疎通を図りました。次第に娘がわかっているのは当たり前と思うようになりました。愛光園で受けた教育は私たち親子を育ててくれました。そういう娘と暮らし、彼女が音楽を楽しみ、本の読み聞かせに見せる知性の片鱗、周囲の雰囲気をつかんでいる様子、人を歓迎する力、冗談にたいする笑顔に、「知的障がいってどういうこと、この子のほうが私よりもずっと人間的に豊かなんじゃないの～」と考え続けていました。次第に周囲の「この子は何もわからないのだろうな」という無理解な視線に傷ついたり、腹を立てたりするようになりました。

一九八七年六月に来日したジャン・バニエさんの神戸での集会の折、バニエさんは廊下で会ったとき、娘の名前を聞きました。「陽子、Sun の陽子です」と答えました。三百人もの参加者を前に最後の講話をしたバニエさんは言いました。「皆さん、私の話を聞きに来てくださってありがとう。特にヨーコありがとう!!」と言いました。皆が驚いて誰のことかと思っていました。「ヨーコ？　誰？」と通訳の人が戸惑っていると、バニエさんが「Sun」と答えたので、通訳の人が理解して「そうか、陽子ちゃんでしたね」と言いました。すると、バニエさんは不思議なことを言いました。「陽子さんありがとう、みなの徴になってくれましたね」と。

集会の最後に陽子が集まった人を代表して、バニエさんにお礼のプレゼントを渡す役目になりました。（これはラルシュのリトリートではよく行う習慣で、誰もがその人に備わった力で、役目を果たすことができる徴として重度の障がい者がプレゼント係りをします。）その時に、輪の中に車椅子で出て行った娘を迎えて、バニエさんは自分の手で娘の膝からプレゼントのラジオを取り、もう一つの手で娘の手を握り、じっと娘を見つめて微笑みました。握手され、見つめられて、娘がにこにこと笑いました。無表情で何も感じないと思っていた子が笑ったので集まった人々はびっくりしました。私は感動しました。それはバニエさんの姿から声が聞こえたのです。バニエさんはその姿全体でこう語ったのです。「陽子さん、一生懸命生きてきましたね。私はあなたを尊敬していますよ。神様もあなたを大事に思っていますからね。」この言葉を聴いたとき（実際は見たとき）私の鎧はぱらぱらと落ちました。私が幼い頃から求めていたものがこれであったと気がつきました。

尊敬されるために、一生懸命励んできたのに、重度の障がい児である娘といると、生きている価値があるのかという視線にさらされるばかりでした。そういうどん底にいるような私たち親子に対して、「尊敬している」と接しられた時に、本当に解放されるのを感じました。それからは生きることが楽になりました。全世界が無理解でも、自分たちを理解してくれる人がいる、ということが希望になったのです。それから、バニエさんが行ってきたラルシュ・ホームに関心を持ち、ラルシュ・ホームが障がい者中心の生活であり、障がい者が世界を導く力をもち、健常者を助ける人々だと理解している思想にも感動しました。バニエさんに習ってグループつくりを進めました。

「尊敬をもってメンバーに接すること」これが願いであり、後に、これは全ての人が望んでいることだと気がつきました。私たちは自分がおろそかに扱われたこと、ばかにされたこと、尊厳を踏みにじられたことに傷ついてきました。いくら押し隠してもその傷は癒されるまで、私たちを蝕むのではないでしょうか。神様はそれほどに、私たち人間が大切に扱われるように創ってくださり、そのように扱われないときには、「これは不当だ。間違っている」と思うようにしてくださったからでしょう。

娘はたくさんの出会いを残して亡くなりました。娘たちのために夢見た、デイサービスやナイトケア・サービスは大勢の協力者によって実現し、「障がい者・友だちの会・愛実」「有限会社たんぽぽ」「ラルシュ・ホームを目指すみどりの家」として、まるで当たり前のように活動しています。夢をあきらめないでよかったと思います。

ところが最近、夜寝ている時に、夢を見ました。その夢は、メンバーの親御さんに叱られている夢でした。その人がこう言うのです。「私は昨日、デイ・サービスに行って様子を見ていた。うちの子も、他の子もまるで『物』のように扱われていた。がっかりした。こんなところには自分の子は通わせておけないから、やめさせる。」と怒っているのです。びっくりして起きました。夢でよかったですが、正夢かもしれないと、自分の在り方を反省しています。

私は、人間的に豊かなメンバーたちが大事に扱われ、その力が発揮されることを願って、少人数グループの共同体、一対一で介護することを大事にしてきました。そのためにはアシスタントに長く勤めていただき、行き届いたお世話ができるようにと正職員をたくさん確保してきました。お母さん方から「お金が無いのに、島さんは何故、正職員ばかり雇うのか」と反対されもしました。でも「愛実の会」のよさは長く勤めてくれた人たちのおかげで、実りました。身体が丈夫になったことはもちろん、十年の間にメンバーたちが獲得した意思伝達手段は多様で、素晴らしいことでした。メンバーの努力とアシスタントのあきらめない日々の努力の結果でした。私がグループ作りで望んだことは、知的障がい者と呼ばれる彼らが、豊かな人間性を持っていて、助けられるだけではなくて、私たちを助けてくれる人たちである、ということを周囲に理解してほしかったのです。

今、障害者自立支援法という法律によって、少人数のグループで事業を行うこと、正職員を大勢雇うことが難しい時代になりました。予算が削られて、人件費を減らすしかない仕組みを国が考えているのです。これは医療、老人介護の面でも行われている改悪政策で、弱者は生きる価値が無いと言わんばかりの政策といえます。障害者自立支援法とは名ばかりで、実は障害者自立阻害法なのです。

夢が叶った反面、本当の意味で、メンバーの尊厳を守り続けることができるかどうかという瀬戸際にありますから、夜中に見た夢は、「島さん、メンバーを物みたいに扱うようなサービスは困るよ」というメッセージなのです。

気がついてよ

日木流奈《ひきるな》という少年がいます。彼は障がいのために、話せないのですが、文字盤を押し、文字をお母さんが書き取って文章を書きます。八歳のときに興味深い本を出版しています。

『はじめてのことば―わからんちんのコチコチ大人へ―』大和出版

「こんにちは。私は脳障がい児の流奈と言います。皆さまの中には脳障がいについてあまり詳しくない方がほとんどだと思います。ほとんどの場合、脳障がい児というものは知的障がいを持つことが多いとされています。自分で表現手段を持ち、それを理解しようとする人が周りにいない限り、私たちはただの愛玩物になりかねないのです。へたをすれば無視され、または罵倒され、私たちが何も感じていないと思い込んでいる人にも出会います。意識というものでしたら、私は学習する前からしっかりと持っていました。てんかんの発作や、呼吸が苦しくてすぐに病気になった時でさえ、私には意識や感情というものがあったのです。それはすでに母のおなかにいた時に起こっていました。私の記憶はしっかりとしていますので、覚えておくことはとても容易でした。

皆さまは私が特別な子だとお思いになるかもしれません。いろいろな意味で。

私は喋ることも動くこともままならない子どもですので、こうして意思の疎通ができませんでしたら知的障がい児と思われるでしょう。事実、私は精神薄弱の一番重度の手帳を持っています。そう判定されているのです。

人はあまりに見た目にだまされやすく、その本質を知ろうとしません。子どもが考えていることがわからないという言葉をよく聞きますが、私などその最たるものでしょう、この文章を書かなければ。赤ちゃんの時でさえ、子どもはすべてを理解し、すべてを感じていると思っていただければうれしいです。

環境さえ整っていれば子どもは何でも学べるのです。私は身をもって知っています。私の場合は、その環境は、まず呼吸をよくし、発作を減らし、意識をはっきりさせることでした。それは運動や呼吸関係のリハビリでよくなっていきました。そして何事も入れなければ出ませんので、私は事実の知識を入れられました。毎日必ず新しいものがそれには含まれていました。そしてとても短い時間を何度も繰り返してやるのです。一日の大半は運動プログラムをしていますので、私の大好きな知性面のプログラムは全部足しても一時間にも満たないほどでした。それでも私は学ぶことが一番大好きです、今でも。」

メッセージ六には「気がついて」と題した文章が続きます。

「小さい子ども。小さいのは身体だけなのに、何にも知らず何にもできないと思っている、大きい大人。わからんちんのコチコチ大人。

私は確かにできないことが多い。だって私は人より脳細胞が少ない脳障がい児。喋るのだって動くのだってままならない。

だけど私は考える。葦のひとりはここにいる。主張しても信じてもらえず、私は時々貝になる。気がついて、気がついて、私も考える葦なのだ。ただの風に吹かれる葦じゃない。大きい葦さん気がついて。外見が問題じゃあない。大きくたって小さくたって、脳細胞がちょっと少なくたって、ホモ・サピエンスとして生まれた、人間だ。信じて、信じて、私の存在を。私を貝にしないでよ!!

私の心はここにあるって、気づいて、信じて、感じてよ!!」

生き難い時代に

若い人たちに、人はよく言います、「うらやましい」と。私はあまりうらやましくありません。なぜなら、若かったとき、とても苦しかったからです。バニエさんに会うまで、周囲の人たちの価値観に左右され、不自由でした。だから今の時代も若い人にとって息苦しい、障がい者にとっても息苦しい、嫌な時代だと思います。そのつけが老人にも回ってきて、老人も息苦しくなっています。

この苦しみの中で、思いだす十字架のキリストの姿があります。十字架に架けられるまで、兵士や人々にばかにされ、一緒に並んだ死刑囚にもばかにされ、死んでいくイエス。十字架の周囲にいた人々の怒りは、イエスに向かっていましたが、その怒りの元がどこから来ているのか、イエスは知っていたのでしょう。人々の怒りは、自分の人生への不満、かつて不当に与えられたさげすみへの怒り、自分が存在している意味を知りえない悲しみから来る神への不信や怒り。イエスは怒りの奥底にある人々の願いを知っていたのでしょう。「人々は愛されていることを求めている。なぜなら神はそのようにして初めて人が生きられるように創られたから。自分の存在が肯定されてはじめて人は愛することができる。」

　不当な扱いの中で、イエスが自分の十字架を担いきることができたのは、怒りの連鎖によって、他者を受け入れないばかりか、自分自身さえ愛せない、もう何を自分が求めているのかさえ、わからなくなっている人々の真の問題に気がついていたからでしょう。

　私たちも、他者の不当な扱いによって、自分を貶めなくていいのです。自分を痛めつけなくてよいのです。これは無理解な人々が行うことで彼ら自身が解決しなければならない問題です。イエスが十字架を通して、語りかけてくるものは、イエスの十字架は産みの苦しみであったということではないでしょうか。産婦の産みの苦しみは時に悲痛です。しかし、生命が誕生したら産婦は苦しんだ痛みを忘れて、新しい命の誕生の喜びに満たされます。神は人間を大事に創ってくださり、この世がそのことを受け入れ、互いを大事に扱うようになるようにと産みの苦しみを苦しんでくださったのではないでしょうか。皆さんは、自分が選んだのでない、苦しみや悲しみを負わされているかもしれません。だとしたら、この重荷を受けとめ、選び直すことが必要ではないでしょうか。神の業に参与するために。
この時代に、それぞれが担う産みの苦しみはいつの日か、必ず実を結ぶことでしょう。

（二〇〇六年七月　『群衆』）

三　新しい思想

「夜はよもすがら泣きかなしむとも、朝には喜び歌はん」詩編三〇篇六節　文語訳

佐喜眞美術館

一〇年前始めて沖縄を訪問したときでした。案内してくださった方が、宜野湾市の佐喜眞美術館に連れて行ってくださいました。丸木位里・俊さんの描いた巨大な沖縄戦の図が展示されていました。そこで館長の佐喜眞道夫さんがお話をしてくださいま

した。説明を聞きながら、これは大変な絵だと思いました。集団自決（虐殺）を描いた場面、スパイ容疑で虐殺された人たち、捕虜になるよりは海に身を投げて沈んだ人たち、その凄惨な絵を二人の画家は生き残った体験者に聞きながら描いたようです。出来上がった絵を前に、生き残ったある方は「ほんとうはもっと酷かった」と言われたそうです。ある人は言葉なく絵に見入っていたそうです。

そこに、沖縄戦の図とは別に、暗い版画の作品がたくさん展示されていました。暗い中にさらに暗い絵がありました。「死んだ子を抱く女」でした。その絵は徐京極さんが「死んだわが子にむしゃぶりつく母親の姿は、悲嘆にくれる慈母のイメージをはるかに超えて、夜叉か悪鬼のようだ」（青春の死神）と表現したようですが、私もそう思いました。それまでの私でしたら決して関心をもてない版画でしたが、懐かしい気がして何度ももどって見ました。作者の画集を買って帰りました。ケーテ・コルビッツとの出会いでした。

沖縄から帰って画家の山田翠さんに「沖縄でケーテ・コルビッツの作品を見ました。」というと、「ばれましたか！」とおっしゃいました。その意味はこうでした。画家である山田翠さんが、画集を出された折、「子どもの祈り、『神さま戦争をとめてください。人が死ぬと悲しいです。』」という祈りに付けられた絵があります。それは死んだ子を胸に抱き、その子に顔を埋めている母親の絵です。私と娘をモデルにしたと言われ、その原画をくださいました。私の娘は重度の障がい児で、一生懸命に生きていましたが、その原画の描かれた前年にインフルエンザのために一六歳で亡くなっていました。山田さんはそれまでも、花や月、星になぞらえて、私たち親子を描いてくださいました。それらは深い励ましでした。娘が亡くなってからはいっそう、娘の肖像スケッチは私の慰めでし

た。山田さんのそれらの絵は静かな絵で、大好きでした。その絵とケーテ・コルビッツの版画が酷似していたのです。山田さんがケーテの版画を念頭において描いたから似ていたのは当然でした。山田さんはケーテ・コルビッツを戦後早いうちから知っておられたのでしょう。千田是也や宮本百合子の紹介によって日本に紹介され、社会主義者や共産主義者にコルビッツは好まれたようです。

ピエタ

ケーテ・コルビッツによって、私は子どもを失った悲しみを共に泣きながら、この年月を過ごしてきました。「ピエタ」というブロンズ像が小淵沢のフィリア美術館にありました。それはケーテがペーターの死から二三年後の七一歳の時に完成したものです。「ピエタ」は農婦のような女性が亡くなった息子をスカートで包むように抱きながら、静かに悲しんでいる姿です。昨年から佐喜眞美術館にも展示されるようになり嬉しく思っています。この「ピエタ」は非常に小さいものです。ナチスの迫害の時代にケーテはアトリエを失い、材料の保管や製作に苦労して小さい作品にしか取り組めませんでした。今この「ピエタ」の四倍大のものがベルリンの歴史的建造物ノイエ・ヴァッへの中央に置かれているそうです。いつの日か訪れたいです。イエスの亡骸を抱く聖母を描いた作品は「ピエタ」と呼ばれますが、人はキリスト者でなくても、その作品には共感を覚えるでしょうし、愛する者を亡くした者はより深い共感を覚えるのではないかと思います。

普天間基地と美術館

佐喜眞美術館の館長は、宜野湾市に先祖伝来の土地がありました。それは普天間基地に使われておりました。地主として借料を受け取った佐喜眞さんはケーテ、ルオーなどの絵画を収集するようになりました。佐喜眞さんとケーテとの出会いも、「死んだ子を抱く女」であったそうです。夫人との間のお子さんが誕生直後に亡くなり、二人は失意の日々を過ごしておられました。その頃、この版画に出合い、慰められたそうです。そして、ひょんなことから、丸木夫妻の治療に通いだし、親しくなって、沖縄戦の図の作成に協力します。完成後、丸木夫妻は沖縄に寄贈し、沖縄に展示したいという希望を申し出ます。しかし受け入れ先の無いことを知った佐喜眞さんは、自分で美術館を建てる決心をします。その土地は普天間基地の一部でした。土地の契約更新の際に粘り強く交渉して、半分返還してもらいました。だから美術館のフェンスの向こうは普天間基地です。そこに収められた沖縄戦の図は修学旅行や沖縄を訪れる旅人に、平和を訴え続けています。

ケーテ・コルビッツに関してはこの数年、新しい紹介書が出されてきました。私見では、彼女の生きた時代と同じような流れが今生じていること、彼女の平和主義や彼女の作品の訴える平和への希求というものが一つのモデルになるからだと思います。そしてそれこそが彼女の願いでもありました。多作のようなケーテですが、一つのテーマの作品を完成させるのに何年もかかっています。特に彼女が苦労したのが戦争を描くということでした。（丸木夫妻は沖縄戦の被害者、広島原爆被害者、その被害者の中には在日していた朝鮮・韓国人被害者、捕虜のアメリカ人も描かれて、日本人の被害者性だけではなく、加害者性も描いています）いったい戦争を描くとはどういうことでしょうか。

ケーテはロマン・ローランに宛てた手紙の中でこう書いています。

ロマン・ローランへの手紙

「あなたのお手紙、そしてお言葉をとてもうれしく思いました。戦争のあいだ、この陰鬱な四年のあいだ、あなたのお名前は——さらにほかの幾人かのお名前とともに——ある種の慰めでした。それは誰もが聞きたいと切望した意見の体現者があなただったからです。あなたがわたしの死んだ息子を覚えていてくださったことに感謝いたします。今日で彼が亡くなってからちょうど八年がたちました。かれは十日間戦場にいて、それで十八年の生涯を終えたのでした。彼は信じてでかけて行き、そして信じたままで死んでいきました。彼の友人たちはもっとつらい目にあいました。かれらもみなこの四年のあいだに亡くなりました。彼らの信念は揺らぎ、戦争を憎み、嫌悪するようになっていました。しかし、戦争はかれらを放しませんでした。かれらのほとんど全員が、そのもっともすばらしい青春時代に血をながして倒れなければならなかったのです。わたしたちはみな

——戦争をおこなっているすべての国で——同じ体験を背負ってきました。

わたしは繰り返しなんども戦争を造形しようと試みました。わたしには、それがまったく表現できませんでした。いまやっと、木版のシリーズを仕上げました。それらは、ある程度、私が言いたかったことを表現しています。それは、〈犠牲〉〈志願兵たち〉〈両親〉〈寡婦1〉〈寡婦2〉〈母親たち〉〈人民〉の七葉です。わたしは、これらが全世界に広められ、あらゆる人びとにひとまとめに告げてほしいと思っています——これが戦争だ、わたしたちはみな、この言いようのない、つらい年月の体験を担ってきたのだ、と」（一九二二年十月二三日）

これらの版画は美しいものではありません。正視したくない現実を顕わにしています。〈志願兵〉では死神に導かれた兵士たちがなだれこむように死んでいく様子を描きます。ケーテは志願兵の死を美化しません。そして無益な戦争を告発しながら、しかも若者たちの流された血が何らかの形で報われる日が来るようにと、かれらの頭上に二本の虹を描いています。

ケーテ・コルビッツのみならず、ドイツでは「二度と戦争はするな」とのスローガンのもとに反戦運動が続きます。が、一九二三年、インフレが最高潮に達して、労働条件が悪くなり、パンが買えなくなった民衆は、ユダヤ人迫害にそのはけ口を向けていきます。

ケーテの日記によれば「すべてが深刻化している。当地では略奪がおこりポグロム『ユダヤ人迫害』がはじまっている。バイエルンは北ドイツと戦争状態にある。飢え！　パン一つが一四〇〇億マルク！　それからまた八〇〇億マルクにダウン。……飢え、飢え、いたるところで。路上には失業者が群がっている」。この年、ミュンヘンでヒットラーが台頭してきます。

歴史の分岐点で

八月三〇日、五輪誘致の立候補都市として、福岡市と東京都が招致合戦をしました。この時に、福岡で生まれ育った姜尚中《カンサンジュン》さんが、福岡市の応援演説をしました。それに対して石原都知事は、「さっきどこか外国の学者さんが東京は理念がないとおっしゃっていた」と発言。祝賀パーティーの挨拶では「怪しげな外国人が出てきてね。

生意気だ、あいつは」と述べたということです。姜教授は東京大学の教授です。在日であるということでこんな失礼極まりない発言をされなくてはならないのでしょうか？　石原都知事の侮辱的な発言は今に始まったことではありませんが、このような発言をしても堂々と都知事でいられる日本はおかしいです。

ケーテは苦しむ大人たちの間にこどもを描いて、真っ暗闇の現実をしっかりと見ないと言うかのように、目をくっきりと描いています。沖縄戦の図でも丸木夫妻は中央に描かれたこどもにだけ、目を入れています。時代の流れの中で、苦しみを見つめる、真っ暗闇を見つめる。ごまかさないで見る。その作品を通して、観るものも真実を見る勇気へと導かれていくのを知らされます。真実の持つ力、いくら暗い現実であっても真実なれば、わたしたちに力を与えるというのは不思議なことです。

経済的な発展だけではなく、人間としての高潔さが問題です。日本は国際競争力を目指して、富を追及し、国内外の貧しい者を犠牲にしていく道を歩んでいます。ここから来るひとりひとりの生き難さ、先が見えない不安を、見つめましょう。そして弱者にしわ寄せする道に追従するのではなく、政治に対して方向転換を迫りたいものです。

人類を同胞と見る思想

一九三七年、一月、日・独・伊防共協定が結ばれました。四月、ドイツはスペインのゲルニカを爆撃します。一九三八年、九月第二次大戦が始まりました。ケーテは愛する兄、夫の死、孫のペーターの戦死、芸術活動や思想弾圧に加えて戦争の悲劇を味わいました。

ケーテ・コルビッツは一九四五年を迎えます。ケーテが滞在していたドレスデンのモーリッツブルクは、二月一三日、ヨーロッパ戦線における最大規模の悲劇といわれる空襲によって焦土となりました。四月一六日の息子ハンスに宛てた手紙で彼女は書きます。「戦争が最後までわたしについてまわります」。それから約一週間後の四月二二日、七七歳でケーテは死去します。ベルリンが陥落して戦争が終わったのは五月八日のことでした。

看病していた孫のユッタに彼女は話します。「いつか、ひとつのあたらしい理想が生まれるでしょう。……」「それは、平和主義ということかしら？」「そうです。もしあなたが、平和主義ということを、たんなる反戦ということ以上に考えているならば、それは、ひとつの新しい理念、人びとの友愛についての理念なのです」。この言葉は鈴木東民訳では、「平和主義を単なる反戦と考えてはなりません。それは一つの新しい思想、人類を同胞としてみるところの思想なのです」とあります。

ケーテの死後、第二次大戦は終わりましたが、残念ながら世界各地の土地の分捕り戦争、利益追求の戦争は終わっていません。あらたに始まる気配さえあります。同国人や血脈だけの利益や存続を願う考え方ではなく、国境を越えて、民族を超えて人々を友とし、大切に扱う理念が打ち立てられなければなりません。ケーテの新しい理想、理念は二千年前にイエスが行った振る舞いの中にあります。イエスは生きにくくされている人々と共に、垣根を越えて歩みました。真っ暗闇の夜が明ける日を待ち望みつつ、希望を持って歩んでいきましょう。

（何年か前にもケーテ・コルビッツとの出会いを『群衆』に載せました。今夏、佐喜眞美術館で、新しいコルビッツ紹介書を発見、触発され再び説教で取り上げました。）

（二〇〇六年一二月　『群衆』）

四　貧しい人々を通して知る自分の貧しさ

ヨハネ福音書二章一～一〇節

Ⅰ　娘陽子の病気と障がいを通して出会った人々

私の夫は二人の息子たちが三歳、二歳の時に急逝しました。その時私は三番目の子どもを宿していて、臨月でした。三番目の子が生まれ、牧師であった夫の後継者として私は牧師になり、幼稚園の園長として働きました。

三番目の子どもは娘でした。丈夫に生まれましたが、一歳三ヶ月の時に、娘は百日咳脳症に罹り、無呼吸発作によって救急車で入院し、人工呼吸器によって呼吸が維持されました。いくつかの危機を脱して一週間経った時に医師からは「脳波がすでに平坦であり、九九パーセント助からない、助かってもこのように器械につながれ、重度の障がいが残ります」と言われました。それは「このまま治療を中止しましょう」という提案だったのでしょう。私は治療を続けてくださいといいました。そのような私に、ある看護師さんが言いました。「島さんは変わっているわね。ふつう『障がいが残ります』と言われると『治療を止めてください』と言う人が多いのに」。私は「助かっても重度の障がいを持つ」と言われたとき、教会付属幼稚園に通っていた障がい児たちの姿を思いました。彼らは成長が遅かったけれど、彼らのペースで成長していたのを見ていたので、障がいが残っても大丈夫だと思えたのです。

娘は入院から一ヶ月余りして重度の心身障がい児として目を開けました。医師が「助かっても重度の障がいが残ります」と言われたことがこのことだったとわかりました。入院から一〇ヶ月後、医師から退院できると言われました。私はどのように育てたらいいのかわかりませんでした。娘の身体はこんにゃくみたいで、コミュニケーションもできません。そんな頃、津守真先生から「島さん、これからは娘さんのできることを数えてください」と言われました。それで数えてみました。呼吸が自分ででききる。痛みを感じる。おしっこが出せる。うんちも時々自力で出せる。不快だと泣く。そのように数えたら五本の指が折れました。「私はもっとたくさんのことができる。できることが少ない娘は生きる価値が無くて、たくさんできる私は生きる価値があるというのだろうか？　違う、できることは神様が与えてくださったことで、威張るようなことではない。少ししかできない娘もいのちを与えられている。嬉しいなあ」と思いました。家に帰り、一年経った頃、（植物状態患者として）無表情だった娘の顔に笑顔が出るようになりました。どうすれば笑顔が見られるかと思い、絵本や本を読み聞かせ、レコードをかけ、音楽会や美術館に行きました。

愛光園という重度の障がい児が通う施設に通いました。先生たちは「島さん、陽子さんを一緒に育てていきましょう」と言ってくれました。嬉しかったです。娘と同じような重度の障がい児たちが横たわっていました。仲間がいたという思いと、「ここまで落ちてしまった」という思いが私の心に湧いてきました。落ちたから上がらなくてはなりません。必死で娘のリハビリ、息子たちの世話、牧師、園長として働き、ホームレス支援活動もしました。娘はリハビリのおかげで、内面的なものは豊かになりましたが、身体的な障がいは軽くはなりませんでした。娘が七歳になった時、私は全てに疲れて果てて、一九八七年教会を辞しました。どうやって生きていくのか、わからないまま、ジャン・バニエという人が神戸で講演するというので愛光園の園長だった広瀬治代先生に誘われて娘と一緒に参加しました。

Ⅱ　ジャン・バニエ氏に出会う　一九八七年六月

ジャン・バニエ氏は五〇年前にフランスのトローリ村という場所で、知的障がいをもつ二人の人と一緒に住み始めました。バニエは、第二次大戦後軍人をやめて、哲学を学びました。カナダの大学で教え始めた直後、障がい者の病院や施設での生活を見て、彼らと一緒に住むことを選択しました。家庭的な環境で彼らと暮らそうと考えたのです。その生活を通して知的障がいを持つ人々が人間らしい感情を豊かに表現するようになり、ラルシュ（箱舟）・ホームと呼ばれる運動は世界各地に広がりました。

一九八七年バニエさんは初来日し、東京、静岡、神戸で講演会やリトリートを開催しました。それまでジャン・バニエとその働きについては何も知りませんでした。三百人以上の参加者だった思います。通訳していたのは澤田和夫神父でした。当時の私は「誰も私の気持ちはわからないだろう」と、いうものでした。休憩時間に（たぶん澤田神父に誘われてだったのでしょう）、バニエさんが娘の傍に来て名前を聞きました。「陽子です。サン・チャイルド」と答えましたが、まさか覚えているとは思いませんでした。ところがバニエさんは最後の講話の時「みなさん、私と一緒に旅をしてくださりありがとう、とくに陽子ありがとう、皆の徴になってくれましたね」。と言いました。その後、主催者が陽子の所に来て言いました。「陽子さんに皆を代表してバニエさんにお礼のプレゼントを渡してほしい」と。

その晩は、輪になって楽しく歌を歌い、プレゼントタイムになりました。娘の膝にプレゼントを置き、輪の真ん中に娘の車椅子を押していきました。バニエさんも出てきて、自分でプレゼントをとり、空いた手で娘の手を取り、にこにこと娘に微笑みかけました。娘もにここと笑いました。黙って笑っているバニエさんの姿から声が聴こえました。「陽子さん、一生懸命生きてきましたね。あなたのこと尊敬していますよ。神さまもあなたを大事に思っていますからね」。この言葉を聴いた時、私自身がこの言葉を求めてきたということに気が付きました。尊敬されたかった。そのためにはいい仕事をし、子どもを立派に育て、登って行かなくてはならないと必死でした。娘を「尊敬している」とバニエさんが接してくれた時、「もう登らなくていいんだ、登ろうとすれば娘や娘の友人を置き去りにし、踏み台にしていかなくてはならなくなる。ここにいよう！」と解放されました。

澤田神父のことを私はその時は知りませんでした。若い頃山谷で日雇い労働をし、カトリックの神学者としても有名だと聞き、本を買い、読みました。そこにこういう文章がありました。「わたしたちは互いに相手を大切にしましょう。相手が尊敬に値するとかしないとかではなく、神様がその人を大切に思っておられるのだから、大切にしましょう」とありました。その後たびたびリトリートに参加し、澤田神父の姿勢を見つめました。彼はいつも参加者の中で一番助けを必要としている人の傍にいるのです。バニエさんと澤田神父の立ち居振る舞いを観察し、私も二人のように自由になりたい、彼らの自由はどこからきているのかと学び始めました。

人から人への贈り物

一九九一年末、娘は口からの栄養摂取ができなくなり、入院しました。一九九二年一月に、バニエさんが二度目の来日をし愛知県の美浜でリトリートが持たれました。私は病院からリトリートに通いました。澤田神父とバニエさんはリトリートの後で病院に来てくださいました。その時、私は入院中の子どもたちへのお話と、看護師さんたちにこどもたちに優しくするように話してほしいとお願いしました。

その日が来て、バニエさんはこういう話をしました。「みんな、自分がすばらしいって知ってる?」「え、誰もそのこと教えてくれなかったの?　残念だなあ。君たちはすばらしいのに」「ところで後ろにいる看護師さんのこと好き?」。こどもたちは首を振りました。「そうか」「おうちの人のことは好き?」。子どもたちはうなずきました。「おうちのひとは君たちのこと大事にしてくれるから好きなんだよね。大事にされると嬉しいよね。うしろにいる看護師さんたちも君たちから大事に思われたいんだよ」と言いました。（私は「バニエさん、反対。反対」と心で叫んでいましたが、後からバニエさんの人間理解の深さに気がつきました）。

バニエさんは続けました。「君たちがすばらしいのはね。目の前の人を大事に思うことができる、『大事な人』だって思うとね、眼も手も『あなたは大事な人だ』ってお話しするんだよ」。

弱っていた娘もニコニコと笑い始めました。何かを発見したようです。食べる楽しみもなく、ベッドに横たわったまま、でも自分のそばに来た人を『大事な人』って思えば不自由な眼も手も『あなたは大事な人です』って話すと発見したんだと思います。それから半年ほどして娘は退院して、家のベッドに横たわりながら、私や息子たち、私の友人たちを喜んで迎えて、わたしたちを歓迎する仕事をしてくれました。一九九五年一月インフルエンザで亡くなりましたが、バニエさんや澤田神父を通して、娘は人から人への贈り物は相手を歓迎することだと教えてくれました。

Ⅲ　平和はどこから

ラルシュ・ホームでの経験からバニエさんが語った話にこういう出来事があります。施設や病院から移ってきた障がい者の多くは暴力的でした。その暴力性のゆえに家庭や共同体から疎外されてきたはずです。ですからラルシュ・ホームではそれを理由に彼らをまた他の場所に移すということはしたくなかったことでしょう。それにしても、なぜこんなに怒り、暴力をふるうのかということは理解しがたいことです。バニエさんは言います。「これは彼らの叫びだ。私だって人間だ、バカにするな！という叫びだ」と。家庭や病院で「お前がいるから、お前のせいで、言うことを聞かないから」と言葉や力の暴力を加えられ、我慢できなくなって叫んでいるというのです。

イラク戦争がはじまりそうな時期にお会いした時に、「どうしたらいいのでしょう」と言いましたら、「福音に聴くことですね」と言われました。また、他の時には「この障がいを持つ人たちに耳を傾けたら世界は平和になる」とも言われました。私がバニエさんの思想に惹かれてきたのは、バニエさんたちが障がい者を「この人たちはわたしたちの援助を受けるばかりでなく、わたしたちを助けてくれる人たちでもある」と言っていたからです。娘や娘の友人たちは本当に多くのことを教えてくれました。ですからそのことを認めているラルシュ運動には希望があると思いました。でも、この人たちに耳を傾ける人は少ないし、その声が世界を平和に導くなんて、どうかな？

と思いましたが、バニエさんの言うことだからよく聴いてみようと考えました。

Ⅳ　みどりの家で

二〇〇一年三月に名古屋にラルシュ・ホームを作りたいとバニエさんに相談し、二〇〇二年からみどりの家で障がいを持つメンバー一人と一緒に住み始めました。デイケアのアシスタントにも手伝ってもらい、住込みのアシスタントも増え共同生活が始まりました。わかったことは共同生活は問題だらけ、怒りだらけでした。助かったのはラルシュ・ホームの知恵として「どこの共同体にも問題がある。それはあたりまえのこと。問題があるということは誰かが生きにくいと言っているのだから、大事なことはそれを解決する方法を見出していくことだ」と聞いていたからです。また「価値観の違う人と生活しなさい」とも言われていました。それを聞いて不審な顔をした私に、ギャリというベテランアシスタントは言いました。「なぜならわたしたちは人生の終わりまで成長しなくてはなりませんからね」。他者といるということは、相手の考え方ばかりでなく、ささいな習慣の違いまで腹が立ちます。その葛藤を通して自分のこだわりが相対的なものであり、自分が未熟であることを痛感させられます。

辛い経験は自分が暴力的な人間であると気づかされる時です。それは突然にやってきます。障がいを持つメンバーの暴力的な言動に、アシスタントの欠点に耐えがたい怒りが湧き起こるのです。虐待してしまう人の気持ちがわかる時でもあります。そして怒りは自分よりも弱い人に向かってしまいます。障がいを持つ人も同じように怒りを弱い立場の人に向けていました。それは世界の構造、社会の構造そのものでした。踏みにじられた尊厳への怒りを不当にも弱者に向けている。この問題からの解放がなければ、世界は平和になれない、とバニエさんは言っているのではないかと思いました。

葛藤を経て、わたしたちは、弱いことは人間の本質であると認めざるを得ませんでした。弱さを隠すことなく、また相手の弱さを攻撃しないで、いかに一緒に暮らしていけるかを考えてきました。

私たちは暴力を恐れています。イエスは全く不当な十字架で暴力を受けて死にました。ルカ福音書によれば、その十字架でイエスは「父よ、彼らをおゆるしください。

彼らは何をしているのかわからないのです」と祈りました。宗教者、群衆、一緒に十字架にかかっている死刑囚、みなが怒っています。それは自分の人生への怒りであり、神への叫びでした。彼らの怒りの正体は「大切にされなかった人生」への痛み。この暴力の本質を理解して、その恐怖から解放されて互いに愛し、愛されたいということを認め合うことが平和へとつながるのではないでしょうか。障がいを持つ人々が呼び覚ますものは、私たちが見たくない真実、自分の弱さでした。赤ちゃんは笑顔を引き出してくれますが、簡単に踏みにじられてしまいます。弱い存在からくる平和。希望。世界はこの存在を守るのか、あるいは踏みにじるのか。弱さを認めず、強さを追及することが弱い人ばかりでなく強いと思っている人をも不自由にしています。

『私は戦争のない世界を望む』(アルノ・グリューン著　村椿嘉信、松田眞理子共訳)の中で、著者は「ヒットラーは現れます。強いこと、男らしさを追求することがヒットラー歓迎する」という意味のことを語っています。

惨めな自らの現実を見ないようにし、愛されなかった現実を受け入れず、その痛みを感じないように生きると、他者への共感ができないと語っています。

ラルシュの使命の一つに、障がいを持つ人にあなたは素晴らしいと告げ、周囲にそれを告げることがあります。

ラルシュは楽な生き方ではありません。安住の地ではなく、常に葛藤と祈りが必要です。しかし、自分自身でいられるということは故郷にいられるということかもしれません。メンバー自身が望み、また私たち自身が望んでいることは「一緒に歩んでくれますか。私を愛してくれますか?」なのです。

弱さと言えば、イエスが十字架で死ぬという最悪の弱さを通して、人々を変えたという神秘があります。空っぽの手を神さまに向けて祈り続けましょう。かなの婚礼で「水」をくみ続けた人々だけが、水が葡萄酒に変わったことを知っていました。ラルシュの思想に導かれてこの経験をさせていただきました。一緒に生きた人々の人生と私の人生が香り豊かな人生になったと思います。

（二〇一五年八月二八日　キリスト者医科連盟総会主題講演）

五　お返しができないから

（ルカ福音書一四章一五～二四節）

Ⅰ　イエスのお話の不思議なことは、神の国の宴会を断る人が多いこと。

お返しのできない人を招きなさい。ということがあります。お返しのできない人としてあげられている人々は、不自由さを抱え、助けを必要として、助けなしには生きられないことを自覚せざるを得ない人々です。

「自分の弱さを認める、他者の助けを受け入れる」これは私たちの人生では最大課題の一つと言える事柄です。畑や牛の管理、家庭の維持などに心を傾け、自分が役に立ち、認められる存在として生きるということは面白く楽しいことです。自分が必要とされていることを実感させてくれます。それらは壮年期にはしんどいことでもありますが、わたしたちを生かすことでもあります。しかし、力を失い、人の助けを必要とする時代は来ます。赤ちゃんがそうであったように全面的に他者に依存し、神の助けによってのみ生かされる時です。「お返しのできない人」とは自分の力に依存できない、ごまかしようのない立場に置かれた者と言えるかもしれません。

私たちは神の国を作ることを目指してきました。それも大事なことですが、もっと大事なことは、わたくしども多少はしてきました。で、「お返しのできない」人を招くことも多少はしてきました。それも大事なことですが、もっと大事なことは、わたしたちこそ、神によって「お返しのできない」者として招かれているということです。

神の国の食卓を、神はいっぱいにしようと願っている。その食卓には役に立つとか、有能だからとかではなく、「お返しができない」人として座ることではないでしょうか。

そこで求められていることはこの招きに応えて、食卓に座ること。この食卓に座って生かされていくということ。その時、イエスの食事を味あわせていただくことへつながっていくのでしょう。

辺野古に座り、様々なことを考えました。座り込む人は定年退職者が多く、二〇代の青年が座っている人々に「最低年齢が六〇歳ですね！」と笑わせていました。その通りです。その方々が代わる代わるスピーチしていました。三里塚、内灘、福島の被爆者救援運動の人、水俣からなどと国家と対峙した経験を持つ方々も各地から来ていました。今回はお会いしませんでしたが、アメリカの退役軍人でつくる平和を作る人々にも会いました。

ある沖縄の女性がスピーチしました。自分は団塊の世代で右肩上がりの時代に生きて恩恵を受けてきた。もう両親たちも天国に送り、子供も手を離れた。今はいのちをかけて戦争と基地を止めるために時間を使いたい、と。毎朝、平良悦美さんもそこにいます。

この話に共通するかのように、ほとんどの人は手弁当で、今の沖縄、日本の戦争への準備を止めたいと集まっています。若い方々も学業を中断したり、沖縄に移住したりして海から基地建設を止めようと励んでいます。それらは無償の仕事と言えます。

かつては少数の人しか担っていなかった新基地建設反対に多くの方が集まるように

なってきました。そこに座り、いのちのために座り続ける方々といて、時々回ってくるお茶、飴玉をもらいながら、教会の集まりのような親しみを覚えます。時々、おにぎりを分けてもらったり、沖縄のドーナツみたいなお菓子を頂いたり。

長時間座っているので、都合で帰る方々も多く、真ん中の席が空いたりします。すると責任者が真ん中に詰めてくれと言います。ぱらぱらだと工事車両が入りやすくなるからです。阻止行動では真ん中に座るということは危険も多く目立ちますが、そういうことでも役に立つということは嬉しいことです。

お返しができない自分としてそこに留まりながら、自分もまた構成員の一人としてそこに留まっている心地よさがあります。誰もが歓迎され、平和のために必要な一員としてそこに招かれている。神の国もこういう居心地の良さなのかもしれない。誰もが歓迎され、誰もが必要な一人として招かれている。

Ⅲ　イエス様は、私たちにあなたたちを招いたのは私だ。神の国の食卓はあなたたちのものだ。ここにきて私の食事を味わいなさい！　と招き続けています。

大事なのは誰が神の国にふさわしいかではなく、招きに応えること、無償に与えられている招きを喜んで受け入れることでしょう。

（二〇一六年二月七日　『群衆』）

六　あなたの信仰が

マルコ福音書五章二五～三四節

25 さて、ここに十二年間も出血の止まらない女がいた。26 多くの医者にかかって、ひどく苦しめられ、全財産を使い果たしても何の役にも立たず、ますます悪くなるだけであった。
27 イエスのことを聞いて、群衆の中に紛れ込み、後ろからイエスの服に触れた。
28 「この方の服にでも触れればいやしていただける」と思ったからである。
29 すると、すぐ出血が全く止まって病気がいやされたこ

とを体に感じた。30 イエスは、自分の内から力が出て行ったことに気づいて、
群衆の中で振り返り、「わたしの服に触れたのはだれか」と言われた。31 そこ
で、弟子たちは言った。「群衆があなたに押し迫っているのがお分かりでしょう。
それなのに、『だれがわたしに触れたのか』とおっしゃるのですか。」32 しか
し、イエスは、触れた者を見つけようと、辺りを見回しておられた。33 女は自
分の身に起こったことを知って恐ろしくなり、震えながら進み出てひれ伏し、すべ
てをありのまま話した。34 イエスは言われた。「娘よ、あなたの信仰があなた
を救った。安心して行きなさい。もうその病気にかからず、元気に暮らしなさい。」

この女性はおそらく人々と離れて住まなければならない人だったはずです。その人が、「この人ならば自分の病気を癒してくれるのではないか、表立ってはお願いできないけれども、声を掛けてもらえなくてもイエスの着ているものの裾に触れたならば、きっと自分は癒される」と信じて、願ってイエスに触ったわけです。

その時、イエスも他の人たちもそのことに気づきませんが、この女性だけが知って

いたわけです。そして触れられた時にイエスもそのことに気がついて、「誰が私に触ったのか」と言うわけです。

この女性は咎められたと感じたはずです。そしてビックリしたことでしょう。自分が触れたことに「イエスが気がついた」ということと、その瞬間に自分が長い間癒されなかった病気から回復したということにビックリして、「私です」と名乗り出るわけです。これに対してイエスが「あなたの信仰があなたを救った」と言います。

この「信仰」を私たちは、キリスト教信仰と思いますが、田川建三という人は「娘よ、あなたの信頼があなたを救った」というふうに訳していますし、本田哲郎神父は「娘よ、信頼を持って歩みを起こしたことがあなたを救った」というふうに訳しています。

神様に対する信仰というよりも、この人だったら私の願いに応えてくれるのではないかというイエス対する信頼を持って、歩みを起こした。行動を起こした。それがイエスによって、「あなたの信仰があなたを救った」という、賞賛の言葉を得ることになったのではないかと思うのです。

辺野古の浜辺にいくと「たたかいに勝つ秘訣」という言葉があります。一八年間、大浦湾がきれいに広がっている所に新基地を作らせないということで、いろんな方たちが座り込んできました。私も途切れながら通ってきました。最初の頃はテントいっぱいといっても五〇人くらいが精一杯でしたけれど、今ではキャンプ・シュワブ前に毎日三〇〇人以上の人、多い時には何百人、そして一年に何度かは二、三千人の人たちが集まるようになったようです。テントのところに横断幕が張ってあって、それは「たたかいに勝つ秘訣」と書かれています。それは「勝つまであきらめないこと」というんです。勝つまであきらめない、それがたたかいに勝つ秘訣だというのです。私たちは何度もたたかいに負けて、あきらめてきました。が、そのたたかいに今は負けたとしてもあきらめないで挑み続ける。それがたたかいに勝つ秘訣だと言っているようです。

多くの方たちがここに座り込みながら、天に還っていった人たちもいます。今では辺野古という名前も日本全国の人たちが知ることになりました。そういうたたかいをどういう人たちが支えたかというと、教会でもない、組合でもない、そこに集ってきた一人一人の人たちが運動を支えてきました。
私はこのたたかいを思う時に、あそこには教会が、共同体があるような気がします。そこに行くとみんなが「よく来てくれたね」と言って、「あなたができることだけでいいから手伝ってね」と言ってくれて、「帰る」というと「また来てね」と言う。本当に一人一人が大切にされ、あなたにも役割があるんだということを感じさせてくれます。ですから日本中から、世界からもいろんな人が集ってきて、自分もこのたたかいに参加しようと思って参加しています。ですから「決してあきらめないということ」が信じるということの一つの側面かなと思います。

先ほども申し上げましたが、この長血を患っているという病気についてです。旧約聖書レビ記一五章によれば、女性は生理のときには汚れているとみなされ、人に触れてはいけないとか、生理が終わった後は使ったものは全部洗い清めなくてはならないという決まりがあったようです。生理は女性にとって基本定期的なもので限られた期間、人から隔てられますが、長血の女性というのは出血によって汚れているというので、常時共同体の中に入って普通の生活をすることができなかったはずでしょう。ですからこの病気を持っている人は自分が不快で不自由なばかりか、社会的にも制限された生活であり、人々の間に入っていくことができない状態にあったと思うのです。しかし、どうしても治りたいという思いがイエスのもとに足を運ばせました。

私たちは信仰生活をしてきました。それぞれの信仰生活の在り方があります。それでは、信仰するってどういうことなのかなと考えさせられます。

私の若い友人で市江由紀子さんという方がおられます。筋萎縮症の病気の方です。四月二九日に愛実の会のアシスタント全体研修会で講演してくださいました。その中でこう言われました。「自分はすべてを周りの人にやってもらわなければいけない。介助者は『障がい持った人のニーズを聞こう』と言うけれど、自分はヘルパーのニーズが分かってしまって、自分のニーズではなくヘルパーのニーズのほうを優先してしまうことがある」と言いました。自分は「今日はゆっくりしたいな」と思っていて、ヘルパーさんがやってきて「今日は良い天気だから散歩に行かない？」と言う。そうすると、「ヘルパーさんは散歩に行きたいんだな。自分はゆっくりしたいけれど、それならそうしてもいいかな」、というような感じで「自分の側に来てくれるヘルパーさんのしたいことに自分を合わせてしまう」と言いました。

この言葉は私たちにショックでした。言葉を駆使できる市江さんですらこうなら、言葉を駆使できない愛実の会のメンバーたちは、いかに私たちの需要に合わせて暮らしているかということを思わされました。障がい児教育に関わってきた人は分かっていると思うのですが、介助を受ける人というのは介助をしてくれる人に合わせて、「Aさんにはここまで」、「Bさんにはここまで」というように介助者に応じた要求をします。市江さんの言っていることは本当にその通りだなと思いました。

NPO法人愛実の会も一〇年になり、任意団体時代から合わせたら三〇年になろうとしています。整えられてきて、アシスタントにも恵まれています。でも、あの何も無かった時代よりも心配している自分に気が付きます。そういう心配をしながら「信頼する」、「信仰する」というのはどういうことなのかなと思うのです。

あの女性は、この人のところに行けば、この人に触れればとイエスに信頼して歩みを起こしました。

私たちも、この日本や世界の将来、個人的な将来について心配するときに、困っているだけではなくて、もう一度立ち上がって神様に叫ぶ、困っている状況に神様が介入してきて、回復してくれるということを信じていく。それが大事なのではないかと思わされます。

人生を振り返ると、イエスに信頼した時とは、まさに行き詰まった時ではなかったかと思います。もう他には頼るところがない。切実にイエスに頼った。その結果、いつの間にか道が開いてきたということではないでしょうか。

この聖書の箇所で「あなたの信仰があなたを救った」という言葉は、私たちにも語られています。生きにくい現実、それをイエスに訴えて行動していく。私たちがイエスに信頼して歩み出すことへと招かれているということに気がつくなら、もう一度立ち上がっていく勇気を与えられるのではないかと思います。

（二〇一六年五月）

七　イエスが語る命

マルコ福音書八章三一節～九章一節

31　それからイエスは、人の子は必ず多くの苦しみを受け、長老、祭司長、律法学
者たちから排斥されて殺され、三日の後に復活することになっている、と弟子たち
に教え始められた。　32　しかも、そのことをはっきりとお話しになった。する
と、ペトロはイエスをわきへお連れして、いさめ始めた。　33　イエスは振り返っ
て、弟子たちを見ながら、ペトロを叱って言われた。「サタン、引き下がれ。あな
たは神のことを思わず、人間のことを思っている。」　34　それから、群衆を弟子た
ちと共に呼び寄せて言われた。「わたしの後に従いたい者は、自分を捨て、自分の
十字架を背負って、わたしに従いなさい。　35　自分の命を救いたいと思う者は、
それを失うが、わたしのため、また福音のために命を失う者は、それを救うのであ
る。　36　人は、たとえ全世界を手に入れても、自分の命を失ったら、何の得があ

ろうか。37 自分の命を買い戻すのに、どんな代価を支払えようか。38 神に背いたこの罪深い時代に、わたしとわたしの言葉を恥じる者は、人の子もまた、父の栄光に輝いて聖なる天使たちと共に来るときに、その者を恥じる。」9―1 また、イエスは言われた。「はっきり言っておく。ここに一緒にいる人々の中には、神の国が力にあふれて現れるのを見るまでは、決して死なない者がいる。」

七月二六日未明に、相模原市津久井やまゆり園で一九名もの方が殺された事件が起こりました。福祉に携わってきた人たちが公式な見解を出さないというのはどうかという意見もありました。いろいろなことを考えておりますが、すぐに浮かんだ思いは、あの容疑者はベッドに横たわっている一人一人の障がいを持った人たちと〝本当に出会う〟ということがなかったんだなと思いました。マスコミの第一報を受けた時に、私はその施設が入居者を非人間的に扱っているのではないか？　職員も疲れ果てているのではないか?と思いましたが、その後の報道などで、入居者の方々の親族の言葉、写真の様子などから、最初に想像させられたよりもずっと人間的な施設だったと知りました。報道ひとつ、また自分の先入観で事件の概要を限定してしまう危険を感じました。

重度の障がいを持っている方のお世話をするとか、認知症を患っているご老人の世話をするとかというのはとても大変なことです。けれども、一人一人のお世話をする中で、その方の持っている人間性の輝きのようなものが現れる瞬間に立ち会うことがあります。そういうことを体験しながら、言葉を越えた形で通じ合うものを感じ、誰もがそうであるように他者から尊重されたいと願って生きていることを知らされてきました。時に起こる不当な扱いに抗議できない、その苦労や悲しみを担って一生懸命に生きている人として出会ってきました。殺されていい命とはとても思えません。

今回、ジャン・バニエさんと再会した時のことです。私がトロリー村のラ・ファームと呼ばれるリトリートハウスに行ったときに、同じミサにジャンが出ていました。ミサのときに、〔平和の挨拶〕といって、何人かの人と握手をするのですが、私がジャンの斜め後ろくらいにいたものですから、ジャンが私を認めて握手してくれました。二年ぶりの出会いでした。そういう時は、ミサのあと駆け寄っていってお話ししたいものじゃないですか。でも彼はミサが終わると誰よりも早くチャペルを出て行きました。長年の経験で、そこに留まっていたら次から次へと話しかけられて、八八歳の自分の身体が持たない。だから誰にもつかまらないように外に出るんですね。あるいは会見の予約があたったのかもしれません。

翌々日、予約していただいた時間にジャンの自室を訪ねました。時間通りにベルを押し、しばらく待つとジャンが出てきて門を開けてくれました。腕を広げてくれている彼の胸に飛び込んだら、ジャンがよろめいてしまい、気恥ずかしくなりました。それから夢のような一五分ほどが過ぎて写真を撮ってお別れしました。その報告をコーディネートしてくれた人に「わたしたち一五分ほどで会見が終わりました。三〇分もかからなかったです」と言うと「島さん、ジャンとの会見は普通、一五分です。深刻な相談は三〇分。共同体などの複雑な場合はもっと時間を取ることもありますが。どうして三〇分なんて思い込んだのですか?」と厳しく言われ、「あれ?　困ったなあ。なんで三〇分って思い込んだのだろう」としょげていたら、その方は「でも、ジャンは賢いから大丈夫。時間が来たら、さりげなく示唆して終わりにするから」と言いました。時間を忘れた者に「あなたと話す時間はない、帰ったら」などとは言葉にも態度にも出さないで、面談を受けた者が満足してランデブー（仏語 rendez-vous 会う約束）を終了すると言うのです。これまでも、私のランデブーの前に深刻な表情の神父が待っていたり、シスターがいたりしました。八八歳の彼に話を聞いてもらうために多くの人が集まってくるのです。

この間、若い友人牧師が、「島さん、ジャン・バニエと何を話したんですか」と聞いてくれました。「ジャン・バニエは、私のことを見つめて、事業がどうということではなくて、それであなたの気持ちはどうなのということを聞いてくれた」ということを話しました。するとその牧師は、「自分が先輩たちに、先輩が尊敬する先生のことを聞くと、その先生はお弟子さんがたくさんいても、お弟子さん一人一人が、『自分が先生から一番愛された』と思っているようです」と言いました。それに近いものがあるなと思いました。ジャン・バニエは世界中の人が会いたがる人です。それでも私のことも覚えていて案じてくれているということも感じます。ジャン・バニエのことをイエスのようだと言う人もいますし、私もそういう面があるなと思うのです。

沖縄の高江で

七月一〇日の参議院選挙の翌日、沖縄北部、やんばるの森にある高江でヘリパッド工事が強行され、皆さんも心を痛めていらっしゃると思います。辺野古も那覇から行きますと車で一時間以上かかりまして、とても遠い所です。その辺野古からまた一時間以上車で行ったところが高江というところで、ここにジャングルのような森が広がっています。その中に広大な米軍基地があり、海兵隊の訓練が行われています。そこに「ヘリパッド」という、オスプレーの離着陸帯がもう二つ作られてしまいました。あと四つ作るというのが防衛省の方針です。

辺野古での新基地建設工事が一見、中止されている中で、高江に機動隊員が千人以上も遣わされて、座り込みの人たちを排除して工事が再開されてしまいました。高江の住民は一五〇人ほどとのことです。静かな自然豊かな生活を願ってそこに住んできたのに、オスプレーの飛行による危険だけでなく、騒音で眠れなかったりして住民の方々は悲痛な叫びをあげています。オスプレーはアメリカ本国では、騒音のゆえに住民のいるところでは使用できません。そういうとんでもないものを沖縄に配備して危険と騒音をまき散らしているのです。

高江の森と生活を守るたたかいを一〇年以上もしてきた方々がおられます。もちろん、子どもたちもいますが、赤ちゃんだった人が一〇歳以上になり、オスプレーの騒音のために住めなくなっていて、一家が離れ離れになって避難して生活しているということを聞きました。高江の人たちがこういうたたかいをしながら、「決してあきらめない」と言い、「自分たちは一人じゃない、一緒にたたかってくれる人たちが必ず来る」と言い、実際に大勢の人たちが沖縄各地や本土から駆けつけています。

本当に少人数で高江に座り込んでいた人々の中に、佐久間さんという方がいました。工事車両の入るゲート前に停めたコンテナのような車の中に住んで、夜も昼も高江のゲート前で暮らしていました。この方が私たちが訪れるといろいろ説明してくださいました。二年ほど前に亡くなられましたが、高江のことを思うたびに佐久間さんの姿と声が思い出されます。

高江と辺野古のたたかいの歴史を振り返ると必死で工事を止め続けた方々の姿が思い浮かびます。亡くなった方もいます。その人たちの姿を思い浮かべながら、あの人たちは何のためにあんなに必死だったんだろうと思います。多くの方が現役の仕事を終えていました。人々が考えていたのは、沖縄の若者、これから生まれ育っていく未来の子どもたちに、米軍基地は残したくないということでした。

一〇年ほど前、高江のヘリパッド工事の時に、防衛省が工事を強行しようとしました。人々が座り込んで阻止していた映像があります。防衛省の役人に、教師だった大西さんが語っている姿があります。「あなたたちはこの工事をするのが任務だと言っているけれども、自分たちにも任務がある。自分たちはこの沖縄で六〇年前から（この映像は戦後六〇年目に作られたもの）ひどい目に遭わされてきた。戦争の時もそうだったし、今も基地のためにひどい目に遭っている。それは私たちの代で終わりにしたい。次の世代に渡したくないんだ。それが私たちの任務だ」と激しく抗議していました。生活の糧としての基地整備の仕事と、次世代の人たちの命を守っていくという仕事がぶつかっているのです。

個人として出会う

イエスが奇跡を行ったときに、注目したい出来事があります。死んだ少女の所へ行った時に人払いをして少人数でその少女と向き合っている。あるいは今日の聖書の前の箇所では、盲人を村の外に連れ出し、会話をして、癒していく。耳と口の不自由な人に対しても群衆の中から連れ出し、会話をして癒すということをしています。これは大勢の人たちに「癒されなさい！」とか、「障がいが無くなるように！」と言っているのではなくって、一人一人に向かい合って、一人一人のために時間を取って、その人に語りかけ、その人の語る言葉を聞いて癒しが起こっているということではないでしょうか。

ジャン・バニエのことをお話ししたのも、そういうことじゃないかと思うのです。イエスは奇跡を行いましたし、死者も病気の人も障がいを持った人も癒しました。その人たちにとって印象的だったのは癒されるということ以上に、自分のために時間を取り、自分の声に耳を傾け、そして自分の答えを待って何かをしてくれる人がここにいる。それは自分の声なんか誰も耳を傾けてくれない、見捨てられている、自分は生きていても仕方がないというふうに思いこまされていた人たちにとって、これこそ奇跡的な出会いだったと思うのです。

人は枠に収まらない

安冨歩という東大の教授が五〇代前後に女装をするようになりました。それまでは髭面の厳つい男性の姿でした。ある時自分が女性の下着を身に着けたらすごくフィットしていいなと思って、それから女装をするようになって、次第に自分は「性同一性障がい」だったんだ、男の格好をしていたけれども、心は女性だったということが分かったといいます。でも、安冨先生の面白いことは、自分は「性同一性障がい」というふうにレッテルを貼られるのを拒否するというのです。それはどういうことかというと、そもそも人間というものは一人一人違うのに、この人は男性だとかこの人は女性だとかあるいは性同一性障がいだとか、そんなふうに人を枠に当てはめていくこと自体が無理なんだ。私は、心は女性、自分が女装をする時にとても安らぎを覚えているし、そして男性の顔をしていた時には表情もなかったたし、感情を表すことができなかった。でも女装をするようになってから、表情もすごく豊かになった。つまり自分は五〇年間ずっと男性を装ってきたんだと語っています。

セクシュアル・マイノリティー差別問題に多少関わってきましたけれども、マイノリティーの人たちを理解し、差別を止めるというよりも、そもそも私たち多様な人間をカテゴリーに当てはめて、その当てはまらない人たちを枠外に置いている仕組みや考え方自体に問題があるということではないかと思うのです。

そういう意味では、イエスという人は、ユダヤ人の男性が正規のユダヤ人共同体の構成員だと言われているときに、女性の使徒も持ち、ユダヤ教の共同体では同じ食卓に決して着くことができなかった障がい者や病者という人たちと共にいたというときに、（イエスにも限界はあったと思いますけれども）人間を民族とか男・女とか、障がいのあるなしで区別する文化に対して、イエスは境界を越えていくということを、私たちに示されたのではないかと思います。

そして「イエスってどういう人なの？」と言われたとき、どういうふうにお伝えしたらいいのだろうと悩みます。十字架の死ということもありますが、イエスがそこに追いつめられていったのは、この社会が、人間をカテゴリーに入れて息苦しくしていく制度そのものに疑問を呈し、(別に拳を振り上げるというのではなくて) その境界の中に入り切れない人たちと付き合っていくということによって、その時代の秩序を大幅に壊そうとしてしまったのではないか。その結果、体制側に立つ人々からは憎しみの対象となり、結局は十字架に追いやられていくということになったと思うのです。何とかこの時代を自分だけは生きのびたいなと思うと、この世の流れに逆らわず行くしかないような時代です。でもイエスは、「あなたの命はそういうことのために使わなくてもいいんだよ。そのことによってあなたの地上的な「命」は抹殺されても、真実のあなたの「いのち」はあなたと出会った人たちの中に生きていく」。そのことがイエスが自分の受難を前にして、弟子たちに語りたかった「いのち」のことではないかと思います。お祈りをいたします。

神様　世界中が強欲に動いています。地上をご覧になるときあなたの御心を理解しない現実があります。私たちもその一人です。どうかイエス様が示してくださいましたように、一人一人のいのちを尊び、そのいのちが十分に発揮されるようにお互いに助け合って生きていくことができるようにしてください。私たちの罪の故に不当に扱われ、苦しんでいる人たちが沖縄に、フクシマに、そして世界中にいます。あなたはその方々を見守っていてくださると信じておりますが、一層あなたのみ手を置いてくださいい。この願いと感謝、主イエス・キリストの御名をとおして御前にお捧げいたします。アーメン

（二〇一六年七月三一日）

八　途方に暮れながら待ち望む

みなさん、こんにちは！　クリスマスシーズンですが、お元気ですか？

私は正直に言いますと、あまり元気ではありません。毎年この時期になると気が沈みがちだったり、風邪をひいたりしています。先週はインフルエンザにかかりまし

た。今週でなくて良かったです。そうでないと伺うことができませんでしたから。

今の季節は名古屋の栄の街や駅前はイルミネーションが綺麗です。でもこの綺麗なイルミネーションの中で、ホームレスの方々はこれをどんな気持ちで見ているのかと気になります。どんどん冷え込んでいく寒さの中で無事に朝を迎えているかしら？と案じられてなりません。

いこいの家で出会った人

友人の一人は美味しい食事を提供してくれるお店で働いています。彼女は三年前の冬、彼女の夫と二人で名古屋駅前で野宿していたそうです。昼間はバスステーションなどの待合室で過ごし、夜になってそこが閉まると行き場所が無くなり、駅周辺を歩き回って朝を待ったそうです。しばらくして野宿の先輩株の人が一緒に野宿しようと誘ってくれたそうです。地下からの温かい空気が上がってくる場所で、あたたかくよく眠れたそうです。その後、いこいの家（野宿する人や元野宿者が昼間過ごす家）を紹介されていこいの家を利用するようになりました。そこでＨ牧師に出会い、Ｈ牧師のお世話で仕事や家を確保したのでした。

以来、彼女はいこいの家のクリスマス会にはシチューの材料やケーキをプレゼントしてくれます。「無理しなくていいのに」と言うと、「先生、バカ言っちゃいけませんよ。私たち夫婦はね、いこいの家に行ってお昼を食べて、衣類を分けてもらって、仕事を紹介してもらって今の生活ができているんです。いこいの家は命の恩人なんです。いこいの家が無かったら、私らとっくに死んでいましたよ」と言います。

また彼女は以前、住んでいた町で教会の牧師と一緒に炊き出しを手伝ったこともあったそうです。まさか、自分が名古屋に来て、炊き出しの列に並ぶなんて思いもよらなかったとも話してくれました。明るく話す彼女の辛い経験や境遇を聞きながら、なんども閉めようかと話し合ったことのあるいこいの家ですが、活動を続けてきてよかったと思うこの頃です。

いこいの家は三〇年近く、野宿している方々の昼間の家として衣類や休み場所を提供してきました。ですからほとんどのスタッフは七〇歳前後で、四〇代から活動を共にしてきた仲間です。小さな働きですが、スタッフは皆この活動が好きです。それは弱さそのものの姿で野宿している人、アパート生活になったけれど、孤独な人が集まってきて飾り気なく家族のようにひと時を過ごしているからです。

暗いクリスマス

クリスマスは元気にお祝いし、楽しむものと思われますが、もうひとつ、暗いお話をさせていただきます。私はこどもを育てるようになってから、親はこどもが苦しんだりする姿を傍で見守るしかないという苦労があることを知りました。私の娘は一歳三ヶ月の時に百日咳から奇跡的に助かったものの、重度の障がいを持ちました。障がいの回復の見通しもなく、退院の見通しもなく過ごしていた年のクリスマスのことでした。私はその時も牧師でしたので、教会や幼稚園のクリスマスを終えて遅くなって病院に戻りました。病院では消灯後も重症患者のお部屋は明かりがついています。娘の部屋も点いていました。いつもなら、駐車場に車を置いて走るようにして病室に急ぐのですが、その夜はどうしてもそんな気持ちになれませんでした。街中がクリスマスだと喜んでいる、でも私の娘は重い障がいを持ってこれからどうなるかわからない。何も嬉しくない、何がクリスマスだ！　そんなふてくされた気持ちでした。
ぼーっと駐車場の並木を見ていました。その木々は何の飾りつけもしていないクリスマスツリーみたいでした。木々の上を見上げると星が輝いていました。何もないツリーに星。その時、「そうだ！　世界で初めてのクリスマスはツリーもプレゼントもない、貧しい、貧しいクリスマスだった」と思い出しました。

世界ではじめのクリスマスはユダヤのいなかのベツレヘム
宿にも泊まれず、家畜小屋で　マリヤとヨセフの二人だけ
赤子のイエスさまくさの産着　ゆりかごがわりの飼い葉おけ
やさしい笑顔に見守られて　恵みのひかりがてらすだけ
グローリヤ　グローリヤ　グローリヤ　グローリヤ　インエクチュルシス
ディー　オー

詩・曲　山内修一

イエスは馬槽に寝かせられ、お祝いに駆け付けた羊飼いたちも野宿しながら働く

人々でした。マリアの受胎告知の場面では天使が言いました。「おめでとう、恵まれた方。主があなたと共におられる。」（ルカ福音書一章二八節）そのように祝福を受けたはずなのに、イエスを寝かせる場所は馬槽しかなかったのです。神の約束はどうなったのでしょう。成長して三〇歳になったイエスは人々の間で神のことを伝えました。そして十字架刑で殺されてしまいます。この時、ヨハネによる福音書では母マリアは十字架の下にいます。なんという悲しみでしょうか。

このイエスと母マリアの出来事を思い出した時、私は元気を取り戻して娘の病室に戻りました。

娘と娘の友人たちの宿を求めて

娘の友人たちのお母さんと一緒にこどもたちの養護学校卒業後に通う場所を作ってきてもう三〇年になります。娘は二二年前に亡くなりましたが、私の傍には娘の友人や後輩がいつもいてくれます。これからどうなるのかと途方に暮れ、不安で仕方がなかった日々から考えると夢のようです。

今年、神奈川県相模原市の施設で暮らしていた障がい者が一九人も殺され、負傷者が二六人という事件がありました。とんでもない事件です。娘も娘の友人たちも必死で生きてきました。今もそうです。与えられている力は少なく見えますが、人として他者を思いやる気持ちは誰よりもすぐれていると思わされています。確かに力は弱いけれど、助け合えば生きていけます。障がいを持つ弱い立場の人は、この社会の矛盾や私たちの問題を映し出してくれる鏡です。

娘の友人の一人、Kさんは「みどりの家」で私や他のアシスタントと暮らしていたことがあります。ある日、息子さんを亡くして失意の中にあった友人がみどりの家に来ました。彼女は息子さんの死は誰にも知られたくないと言いましたので、Kさんも他の人も彼女の悲しみは知りませんでした。食事の後、お茶の時にKさんは少し離れて座っていた友人を手招きして、自分の隣に誘いました。隣に座った友人に手を伸ばし、黙って見つめました。そのようにされて友人は涙ぐみました。なぜなら、言葉を話せないKさんのまなざしが「あなたの悲しみを知っているよ。私も母を亡くしたから。」と語っているようだったからだと思います。隠している悲しみに慰めのまなざしを注ぐというKさんの姿。彼女は身体の弱いアシスタントのこと、悩んでいるアシスタントのことなどにとても敏感で心配してくれるのです。うるさいぐらい「大丈夫か？」と聞くので、そんな時は「一緒にお祈りしましょうか」と言うと飛び切りの笑顔で喜びます。

また、私は娘の友人Yさんとよく一緒に過ごします。彼女はお母さんを支配し、私をも支配しようとするので葛藤が多い関係です。目に見えない攻防戦を繰り広げて、つくづく疲れて嫌になってため息をつきたいような状況になります。すると、Yさんが私の代わりに不自由なことばで「はあーあ」とか「ふうう」とかため息をつきます。見透かされているのです。思わず二人で笑ってしまいますが、そのたびに思います。私たちはこうやって人間関係で対等ということができなくて、いつも誰かを支配しようとするなあと教えられるのです。Yさんの前で、誰かの悪口を言ったり、愚痴をこぼすと、「ヤメテ！」と言うように大声を出したり、自傷行為をします。人間として誰でも人の悪口を聴くことは耐えがたいことですし、人間の品性に関わることでしょう。こういう出来事に出会うたびに、「知的障がいって何？」と思わされます。

このようにして、娘の病気から始まって障がいを持つ人々と暮らす生活をしています。時々、マリアはイエスを亡くしてどんな気持ちだったろう、イエスが殺されて絶望しなかったかなあとか想像します。答えは否です。それはイエスの生きたいのちを母マリアも弟子たちも受け継いでいったからです。

イエスの幼児期の物語ではイエスの母マリアの姿が印象的です。ルカによる福音書一章二六節以下の受胎告知の場面、赤ちゃんを飼い葉おけに寝かせるという貧しさ。誕生の祝いに来た貧しい羊飼いたち。神殿で出会った信仰深い老人たちの不吉な予告と祝福された人生の預言。長じたイエスが神殿で学者たちと議論していたという話。これらの出来事の中で「母はこれらのことをすべて心に納めていた。」（ルカ福音書二章五一節ｂ）と記されています。イエスの受胎からイエスの人生の最後までイエスの人生に起こることに戸惑いながら何かを待ち続けたマリアの姿が浮き上がってきます。

多くの十字架の絵画ではイエスの母マリアが必ず描かれていますけれど、マタイ、マルコ、ルカ福音書はその姿にふれていません。ヨハネによる福音書だけがイエスの母マリアが十字架の下にいたことを書いています。しかもイエスが母と会話し、同じく傍にいた弟子のヨハネと思しき人物に「これからは親子として生きなさい」という言葉をかけています。養子縁組したわけではないでしょうが、息子を失う母と師を失う弟子とが家族として生きていくという姿には象徴的なものを覚えます。

私は娘を一六歳で亡くしましたが、その後娘の友人たちと過ごしてきました。血縁を越えて助け合って生きる道をイエスの歩まれた姿から示されてきました。娘や娘の友人たちと生きる中で、何度も生き難さに悩み、戸惑いながら生きてきました。振り返ってみると短命だった娘のいのちも私自身のいのちも祝福に満ちた人生だったと思わされます。それは人生で大事なことは何かを味わい、知ったからです。「途方に暮れても」神様への叫びを胸の中で思いめぐらしながら、あきらめないで生きてきてよかったと思います。

大事なことはいつも小さい場所でそっと起きます。皆さんの人生もきっとそうです。

クリスマスの出来事がみなさんに希望を与えてくれますように！

（二〇一六年一二月　中部学院大学クリスマスメッセージ）

九　愛し、愛されるために――いのちは生き続ける――

ヨハネ福音書三章一六節には「神はその独り子をお与えになったほどに、世を愛された。独り子を信じる者が一人も滅びないで、永遠の命を得るためである」と書かれています。しかし、私たち人間は「永遠に生き続けていく」ことはできません。

柏木哲夫先生（精神科医）の講演をお聞きしました。その中で柏木先生は「生命」と「いのち」ということについて、生命といのちは違うのだということを説明してくださいました。「生命」は限りがある。閉じられたものであり、客観的なものだ。心臓につけられている心電図がフラットになって、「この方はお亡くなりになりました」と医師が告げることができる、限りがあり客観的なものだということです。

しかし、ひらがなで書かれる「いのち」は、無限なものであり、開放されたものであり、主観的なものであると語っておられました。柏木先生は中川米造という医師の次のような言葉も紹介されました。「私の生命はまもなく終焉を迎えます。しかし私のいのち、即ち私の存在の意味、私の価値観は永遠に生き続けます。ですから私は死が怖くありません。」

中川先生は医の倫理について考え続けられた方で、柏木先生はこの先生の言葉として「これまでの医学は、生命は見てきましたがいのちは見てこなかった。これからの医学はいのちも見ていく必要があります。」というようなことも紹介されました。

私はここから「永遠のいのち」ということについてのヒントを頂きました。

別れの時

愛する人を喪ったとき、私たちは、親しい人の訪問を受け、共に泣きながら、この受け入れがたい出来事を次第に受け入れていきます。私が夫を早く亡くしたり、娘を亡くしたという経験のあることから、たびたび、「島先生は経験者だから、その人のことを慰めることができるんじゃないか」と言われました。私は「私にもできない。それぞれの死はそれぞれの死であって、私はその人のことを慰めることはできない」と言ってきました。でも、その言葉が心に残っておりまして、夫や娘を亡くしたとき、その期間をどのように過ごしてきたか考えてみました。そして分かったことがありました。定期的にお花を届けてくれた人がいました。また声を掛けてくれた人がいました。自分がどん底の孤独の中に置かれていると思っていた日々ですが、誰かがいつも何らかの形で助けてくれました。ですからひとりぼっちで助けがない状況にずっといたという気持ちにはなりませんでした。

二〇年以上前のことですが、友人の一人が、大学生の息子さんを亡くされた直後にこう言いました。「スーパーで知った人を見かけても、誰も話しかけてこないのよ。避けられているみたい」と。私には避ける人の思いがわかりました。思いがけなく突然大事な息子さんを亡くした方に、どんな言葉をかけたらいいのかわからないのです。だから気が付かなかったふりをして避けてしまうのです。そのことが悲しみにある人をいっそう孤独にしたと思います。

また、他の場面で、私の夫が三〇数年前に亡くなっているとか、娘が死んでしまったという話になった時、その人は触れてはいけないことに触れてしまったかのように、「ああ、すみません、思い出させてしまって」「悪いことを言いました」と言います。私の心の中では「とんでもない！　私は夫や娘のことを話したいんです！　聞いてほしいんです！」と叫んでいますし、親しい人には「聞いてくれてありがとう。夫のこと、娘のことを知ってもらったり、一緒に思い出を語ってもらえるのは嬉しいの」と言います。

そのような経験から、悲しみの中にある人に必要なものは、「あなたはひとりぼっちではありませんよ。あなたのことを亡くなった人は置き去りにしたように見えるかもしれない。そしてあなたの悲しみを誰も分かってくれないと思っているかもしれない。でも、あなたはひとりぼっちではない」。そのような慰めの愛によって、私は生き延びてくることができたのだなと思いました。

亡くなった人を悼み、悲しみの儀式を経て、また日常生活に戻っていく。「グリーフケア」というそうです。しかし、国が滅びてしまうというような、エレミヤのような時代でなくても、実はこの亡くなった人を悼むということが素直にできない現実もあります。亡くなった人との間にわだかまりがあったり、また亡くなった人と連なっている誰かとの間にわだかまりがあったり、さまざまな出来事によって、亡くなった人のことを偲び、そして心から泣いて悼むということができない現実があります。

あのヤコブ、後にイスラエルといわれたヤコブが一二人の子供を持ちながらヨセフを偏って愛したために、ヨセフのことを一〇人の兄たちは嫉み、ヨセフをエジプトに売り飛ばすというような悲劇を行いました。それほどでなかったとしても、私たちの中にも、亡き人の愛情のかけ方や愛の表し方が偏っていたということによって、両親のこと、あるいは親族のことを心から悼むとか、その人のことを許すことができないという現実もあります。あるいは亡き人との関係の中で、傷つけられた出来事、許せなかった出来事、それは「愛されなかった」という言葉で表せるような出来事もあると思います。

私たちはそれほどに愛にこだわり、そして私たちの問題の中心は、そこにあると思います。若い方たちの悩みを聞きながら、私は自分自身の息子や娘の歎きを聞く思いがしました。そんなにも愛を求め、そんなふうに感じ、そんなふうに傷ついていたのか。時々その話をしてくれた人たちに、私があなたのお父さん、お母さんに代わったつもりで謝るねと言って、「ごめんなさい、私はあまりにも力のない、配慮のない親だった。決してそんなつもりではなかったけれども、あなたをそんなにも傷つけていたなんて。本当に許してほしい」というふうに語ってきました。

そして思ったのは、私も私の親たちもそしてその親たちも代々、いかに「愛し方が下手であったか」ということです。「愛する」ということを伝える仕方があまりにも下手であったということです。愛はあったけれども、それを子どもたちや周りの人たちに伝えることができなかった。

イエスと弟子たちのことを振り返ってみたいと思います。イエスが死んだとき、おそらく弟子たちは正義が滅びたような悲しみを抱いたと思います。正しい人が何故死ななくてはならなかったのか。弟子たちも裏切りをしたということで、自分たちもその不正義に加担したような悲しみを持ったと思います。ですから彼らは二人、三人あるいは一一人でたびたび食事をしました。

エマオの途上では一緒に歩いてくれた人がいました。そしてその人と一緒に食事をしたときに二人の弟子はイエスがここにいるということを発見しました。

またガリラヤ湖で、漁師だった弟子が、まったく漁がうまくいかないで失望の中にあったとき、イエスと思われない人に声を掛けられ、網を投げ、たくさんの魚が捕れました。そして浜辺に立って自分たちに声を掛けた人がイエスだと気がついたとき、イエスは来て、パンをとって弟子たちに与えられ、魚も同じようにされたとありま す。

イエスの死を悲しんでいた弟子たちの中に、イエスが立ち現れたということです。彼らは一緒にいて、「自分たちはとんでもないことをしてしまった。イエスが死んでしまった。あのときどうだった。この時どうだった。」そんなことを一緒に語り合いながら、にもかかわらず、いかに自分たちがイエスに愛されたかということを思い起こしました。いかに自分たちがイエスを理解していなかったかということも思い起こしました。

私たちは幸いなことにひとりぼっちではなく、お互いの愛する人たちの死を悼み、ともに語り合い、ときには天にある人たちの面白かったことを笑って過ごして参りました。そして亡き人々の生命はここにはありません。

しかし、天にある人たちの「いのち」は私たちの中に生きています。あの人たちが私たちに与えてくれた愛、ともに暮らした日々の思い出、苦しみや悲しみ、そして喜びをともに味わった日々、そして後悔もあります。後悔はもっと素直に愛を伝えるべきであった。あなたが私のそばにいてくれて本当にうれしいということを、またそのように、遇すべきだったという後悔です。

死に行く人が最後に思う言葉として紹介されている言葉があります。死に行く人が思い起こすことは、「仕事ばかりではなく、愛する人と共に時を過ごすべきだった」という後悔だそうです。天にある人たちもこの後悔をし、私たちもまたこの後悔をしながら、しかし、イエスが弟子たちの中に生き、今私たちの中に生きているように、愛する人たちも私たちの中に生きています。私は時々亡くなった人たちと心の中で話をしていて、「あれ？　あの人は死んでしまったんだっけ」と自分がおかしくなってしまったかなという感じに陥ることがあります。そしてまた神さまとも心の中で話しています。

私の中に、亡くなった人々が一人一人生きていますし、神さまも、そしてイエス様も生きています。もし、皆さんが天に送った人について後悔があるならば、そのことも共に語り合いながら、そのことを通して私たちの後悔も受け入れ、愛する人たちに本当に伝えたかった思いを語り合いながら過ごして行けたらと思います。神さまはこのことを私たちに教えて、そして私たちを救うためにイエスを送ってくださいました。イエスを通して与えられたいのちを、もう一度受け取ることができたらと思います。お祈りをいたします。

神さま、私たちは先に亡くなった方々を通して、本当に多くのめぐみをいただきました。心から感謝いたします。その多くの愛に対して、十分に応えることのできなかった後悔もあります。またわだかまりもあります。神さま、本当はお互いに心から愛し合い、慈しみ合い、ともに日々を過ごしたかった、と天にある人たちも私たちも思っています。それぞれのわだかまりをあなたが受け止めてくださり、またあなたの恵みの中にそれぞれが元気に一歩を踏み出していけるように助けてください。ひとりぼっちだと思うような時、あなたが手を差し伸べて、励まし導いてくださいますように。

私たちの時代はいっそう困難に向かい、若い人たちの将来も不安の中にあります。神さま、どうかこのような地上を憐れんでくださいますように。人間の罪のために犠牲となっている人たち、悲しみに取り残されている人たち、あなたがその方々の傍らにいてくださると信じておりますが、一層あなたの助けの御手を置いてください。主イエス・キリストの御名によってお願いいたします。アーメン

（二〇一六年　名古屋堀川伝道所『群衆』）

十　良い物を与えてくださる方

ルカ福音書一一章九～一〇節

主の平安がみなさんの上にありますように。おはようございます！

はじめての方も毎年お会いする方々も一緒にリトリートに参加できてありがとうございます。

名古屋の友人たちが「みなさんによろしく伝えてください」と言っていましたが、ここに来てから、「沈黙だから誰にもよろしくって伝えられないなあ」と思っていました。ですから、ここで名古屋の仲間たちから「みなさまに会いたいです。みなさまを大切に思っています」との言葉をお伝えします。

かなの家の仲間のみなさんにお会いすると豊かな人間性の開花に驚かされます。共同体の中で生きることが仲間の人の豊かな面をどんどん引き出して、自由にしてくれるのだと思います。私も名古屋の仲間たちにそのような自由を味わってほしいと願っています。私は名古屋の仲間たちやアシスタントたちが大好きです。でも時々、とんでもなく嫌なことをされたりすると怒ったり、悲しい気持ちになります。自分が福祉にふさわしい人間じゃないと思うこともあります。ありがたいことに、ラルシュが「アシスタントも弱い人間だから、怒ったりして当たり前だ。そういう時は休んだり、距離を置くことがいい」と教えてくれるのでやって来られました。

ラルシュの知恵で一番助かっているのは、意見ややり方が違うアシスタント同士で仕事をすることが大事だということです。そのためには分かち合いや語り合うことで共に生きられると教えてもらいました。ある時、人間関係で悩んでいた時、島田恵子さんが言いました。「話し合うことね」と。「顔も見たくないし、まして口も利きたくないのに、『話し合うことね』なんてなんたるアドバイス！」と思いました。が、次第に「話し合うこと」は議論するのではなく、互いの言葉に耳を傾けることだと気づきました。そうすることで同じようにはできないけれど、互いの行動の背景を理解することで相手を受け入れ、自分のやり方を変更できることもわかりました。

二〇一六年七月二六日未明、相模原津久井やまゆり園で、一九名の死者、二六人の重傷者を出すという事件が起こりました。私は思考停止してしまい、意見を求められてもしばらく言葉が出てきませんでした。最初に出てきたのは大きな障がい者施設が持つ問題でした。もう一つは施設で働く人たちの意識の問題です。そして一年間このことを考え続けてきて、今思うのは私たちの社会の問題だということです。「即戦力」という言葉があります。すぐ役に立つ人材と言う意味です。仕事ができることが最優先され、できない人間は振り落とされます。仕事ができない障がい者は存在する意味が無いという考え方です。

少しわき道にそれますが、由井滋神父のことをお話しさせてください。昨年神父はここにいました。彼は神父の仕事だけでなく、市民運動や人権運動の責任をいっぱい引き受けていました。神父は名古屋のホームレス支援の家である「いこいの家」の後援会長で、私は副会長でした。彼は時々原稿を書くぐらいでしたから、会うたびに「島先生、ぼく何もできなくてごめんね」とよく言いました。私は「いいですよ。神父は何もできないっていてわかっていて威張らないからいいんです。何もしないで威張っている人よりいいですよ」と失礼なことを言っていました。

ある時期、神父が名古屋にいなくなりました。途端にスタッフに元気が無くなり、スタッフ会や合宿の参加者が半分以下になってしまいました。困ったなあと途方に暮れていた頃、急に神父が名古屋に帰ってきました。途端に、スタッフたちは元気になり、会議には倍以上の参加者が集まるようになりました。私は負けたと思いました。何もしないけど、いるだけで人を元気にする人だったのです。

二〇一六年一〇月末に川上栄光神父から「由井神父が亡くなった」という訃報が入りました。泣けて泣けて仕方がありませんでした。他の人に訃報を伝言するとそこでも相手が号泣。失敗ばかりしていた神父がどんなに皆から愛されていたかと知らされました。私もしばらく神父ロスに陥ってしまいました。

私たちの社会は目に見える仕事で人の価値を見るような間違った考え方をしています。私も陽子や陽子の友人と生きながら、「何もできない人々」という表現をしたりします。でも彼らは生きるということ自体が仕事なんだと思います。仕事に注目する社会なので、あえて「生きるという仕事」というテーマで文も書きました。呼吸すること、食べること、排泄することがいのちがけなのですから。

そして彼らの存在が私たちを集めて、彼ら自身の生きる場所作らせたこと。アシスタントを呼び集め、一緒に暮らすように招いてくれたこと。こんな大事業は彼らの存在がなかったら起こりませんでした。

私もだんだん弱くなり、力仕事が充分にできなくなりました。仲間のそばに座り、働くことについてあらためて考えます。陽子も仲間の人たちも立ち働く私よりも、一緒に座って互いの声に耳を傾け、バカ話するほうが好きなようです。哲学的な話題も好きです。だんだん弱くなる自分を思うと、仲間たちが堂々と人の助けを求め、受け入れていること。堂々とわがままを言う姿に感動します。私はそれができるかどうか。いつか先輩としての仲間の姿を思い出しながら過ごす日も来るでしょう。

神さまは、私たちが互いに助け合って生きるように人間を一人一人創造してくださいました。助け合うということは同じ力を出し合って平等ではなくて、一人一人が自分しかできないユニークな力で助け合うということなのだと思います。ラルシュに導かれて仲間の人たちを見つめ、アシスタントを見つめてこられたのは幸いでした。

この間、若い友人に聞かれました。「先生、ご主人が早く亡くなったり、陽子ちゃんも病気になったりして神さまのこと恨まなかったんですか?」と。私も考えました。

夫が亡くなった直後に書いた日記にこうありました。「神様、この子たちにはお父さんがいません。だからこの子たちが成長するまで私の生命を長らえさせてください」。私自身が忘れてしまったのに、この祈りはかなえられて私は孫も与えられています。陽子の危篤の日々の日記には「今日一日お守りください」「今夜守ってください」「助けてください」という祈りが書き連ねられていました。とうてい助かる見込みのなかった陽子が一六年生きて傍にいてくれました。

ルカによる福音書一一章九節は「求めなさい。探しなさい。たたきなさい。」と勧めています。私は欲張りなのでそうやって生きてきました。最近次のことに気が付きました。

一一章二節以下の「主の祈り」はイエスさまが教えてくださった祈りです。

一一章二b「父よ、聖名が崇められますように。御国が来ますように」。聖名って何でしょう？　御国？　これもわからないですね。

三節「わたしたちに必要な糧を毎日与えてください」。これはわかります。私たちの身近な日々の課題ですから。

四節「わたしたちの罪を赦してください。わたしたちも自分に負い目のある人を皆赦しますから。わたしたちを誘惑に遭わせないでください」。これも身近な日々の課題ですからわかります。


そして一一章九節以下で熱心に求めるなら必ず与えられますよ、と勧められて、一三節では人間は「悪い者でありながらも、自分の子供には良い物を与えることを知っている。まして天の父は求める者に聖霊を与えてくださる。」と記されています。

私たちが、祈っても、祈っても与えられず、聞かれず、見つけられなかったということがありますけれど。私が三〇年ラルシュのリトリートに参加し、ラルシュに学び、名古屋の仲間たちと生きてきてわかったことがあります。神さまは日々必要な物を十分に与えてくださいました。

私が生かされたように隣人も生きられるようになることが神の国、御国だと知らされました。御国では姿、思想、国の形が違う者が一緒に食卓に着くこと。神さまの意志はもっとも生活しにくい人、生きにくい人が生きられる社会になって御名が賛美されることではないでしょうか。私が祈り求めたことで叶えられなかったこともあります。が、それはあまり重要なことではないと思います。

それよりも日々の糧を祈り、日々隣人との関係を考え、模索し、実践する中での祈りに神様は聖霊を与えてくださいました。聖霊を通して、苦しんでいるのはあなただけではない。糧を必要としているのはあなただけではない。あなたも隣人も、遠くの隣人も食べ、生き延びることを切望している。だから互いに神を崇め、一緒に御国の幸いを味わうように、と神は招いてくださったのだと思います。

イスラエルの民が砂漠で守られたのは彼らが信仰深かったからではなく、そのままでは「滅び行く民であった」からだと記されています。神さまの意志は弱い存在こそ、尊ばれ、中心に置かれるべきだということです。そうするなら自分は強いと錯覚している人間も本当の意味で生きられるのだということではないでしょうか。

神さまは私たちの弱さを打ちのめす神ではなく、弱さを通して互いに労わり合う道へと招いておられます。地上にあって神の国・御国を味あわせていただきましょう。

（二〇一七年九月二五日）

第三章

エッセイ

2014年　ラルシュのリトリート

一　共に生かされる道——「みどりの家」

「みどりの家」では他人同士が家族のように一緒に暮らしています。日々、一緒に暮らすことの意味を考え、意義を感じたり、苦しさを感じたり、その上でまた、自分自身が他者と一緒に暮らすことを選択するというような繰り返しの毎日です。

「みどりの家」の中心メンバーはM・Kさんです。一九九五年から二〇〇二年まで「愛実友だちの家」で親元を離れて暮らしていました。二〇〇二年から「みどりの家」に島と一緒に住み始めました。二〇〇三年からはPさんが一緒に、二〇〇四年から二〇〇五年秋までSさんが一緒に、二〇〇五年秋から二〇〇六年三月まではフランス人のB君が一緒に暮らしました。この間に「愛実の会」のメンバーも泊まり、全国各地の友人が短期に、あるいは数日滞在し手伝ってくださいました。

現在はMさんが一階に住み、二階には島とPさんが住んでいます。Mさんのホーム・ヘルプに週に四、五人のアシスタントが来ますし、「みどりの家」は支援費事業の事務所も同居していますから、ひっきりなしに人が出入りしています。人口密度が高くなればなるほど問題が生じて、大変です。トラブルのたびにがっかりしたり、一緒に暮らす意味を考えます。「一人暮らし」なら気がつかなくてよい、自分の狭い器量を感じて辛くなります。私は自分がわがままな人間だと断言できます。以前だったら、認められなかったことですが。

最初から「自分は共同生活にふさわしい者だろうか？」と考えていました。葛藤の中で発見しました。誰も共同生活にふさわしい人はいないということです。ふさわしい人を選ぶのではなくて、目の前の人と一緒に生きることを選び、模索することが大事だということです。だから私のようなわがまま人間も「みどりの家」にいていいのだと思います。もちろん、他の人に迷惑なわがままは少しずつ正されます。それは「愛実の会」にも言えることです。「愛実の会」はその人が求めるならその人のいるべき場所なのです。

Ｍ・Ｋさんは、歴代のアシスタントたちを成長させて、「みどりの家」の責任者であるＰさんや「愛実の会」のアシスタントに守られて、見事な自立生活をしています。本当に嬉しいです。他のメンバーたちもこのように生活できたら、将来は安心だと思います。

「みどりの家」では共に住んでくださるアシスタントを求めています。

みなさん、辛くて、楽しい「みどりの家」に見学やお泊りに来てください。大歓迎です。

（二〇〇六年六月）

二　想像力と責任感

ベン・シャーンの作品に最初に接したのはいつのことだろう。岡健介牧師がベン・シャーンのPsalm133の絵葉書を二〇一二年三月一五日付けでくださった。名古屋市美術館で行われたベン・シャーン展で感動した思いが認められている。詩編一三三篇を描いた「Psalm133」は白い鳩と黒い鳩（鳥？）が向かい合い、題字はヘブル語。その下と鳩たちの間に英語で「見よ、兄弟が共に座っている。なんという恵み、なんという喜び。」ではじまる詩編一三三篇全体が描かれている。この絵に国境を越え、宗教、民族の違いを超えて「私たちは共に生きよう」という意志を感じる。

一八九八年、リトアニアに生まれたユダヤ人ベンは、八歳の時に迫害を逃れてアメリカに渡る。一九三〇年から一九六〇年代にかけて絵画、版画、イラスト、写真と幅広い分野で活躍した。一九五七年にアメリカの原子核物理学者ラルフ・E・ラップが物語風に核の脅威を伝えたエッセー『ラッキードラゴンの航海』を書き、その挿絵をベンが担当した。「ラッキードラゴン」とは一九五四年三月一日にビキニ環礁で行われた水爆実験「ブラボー」（広島に投下された原爆の一〇〇〇倍の威力）によって被曝した第五福竜丸のことである。第五福竜丸の乗員二三名は爆心から一六〇キロを航行中に死の灰を浴びた。無線長久保山愛吉さんはその年の九月二三日に放射能による肝臓障がいによって亡くなった。一九六一年にベンは個展で「ラッキードラゴンの伝説」を発表。一九六五年には作家リチャード・ハドソンと共に「久保山とラッキードラゴン伝説」を出版。九年にわたって第五福竜丸に関わる作品を様々な形で発表した。なぜ、彼はそこまで第五福竜丸にこだわったのだろう。

ベンの妻バーナーダーさんの「わが夫ベン・シャーンの思い出」（一九七〇年五月一九日『東京新聞』夕刊）にこうある。「戦時中、広島と長崎が爆撃されたあと、ベンはぬぐいきれない悲しみを持ち続けていました。このことについて私に、自分自身が罪を犯したときのような罪悪感を感じると打ち明けたことがあるほどです。――（中略）――（『ラッキー・ドラゴン』シリーズの制作に没頭したのも）恐らくベンが感じていた罪悪感を幾分でもやわらげるのに役立ったのではないかと思います。」

一九六二年に彼が書いた手紙の中にこういう一節がある。「どんなひとにも、どんなグループにも、地球の食物をだめにしたり、地球の空気をよごす権利はないのです。」

（二〇一二年一二月号『群衆』巻頭言）

三　他者と共感すること

エレミヤ書　二三章三節

クリスマスの出来事にはデリケートな問題があったと思います。それはマリヤが婚約中にヨセフの子ではない子どもを宿したということです。ヨセフは自分の子どもでないことがはっきりしていたので、密かに離縁しようとしました。「彼は正しい人であった。」と聖書は記します。この正しさとは何でしょうか。

もしヨセフがマリヤと離縁したならば、マリヤはどうなったでしょうか。姦淫の罪を犯したということで、石打ちの刑で殺されるかもしれない。当然お腹の子どもも死んでしまうわけです。あるいは生き残ることができても、一人で子どもを育てていくというのはマリヤにとって非常に厳しいことだったでしょう。ヨセフは彼女と結婚することを選びました。それはマリヤの命とお腹に宿っている命を選び取るということでした。

エレミヤ書二二章に「主はこう言われる。正義と恵みの業を行い、搾取されている者を虐げる者の手から救え。寄留の外国人、孤児、寡婦を苦しめ、虐げてはならない。またこの地で、無実の人の血を流してはならない。（二二章三節）」とありますが、これこそが「ヨセフの正しさ」ではなかったでしょうか。

厳しい環境に置かれて生きのびることができるかどうか分からないマリヤを目の前にして、彼はマリヤの命を守っていくことを選択したのだと思います。ヘロデが幼児虐殺を行った頃、聖書によれば、ヨセフはイエスとマリヤを連れてエジプトに逃れて行きました。その後もイエスが大きくなるまで、マリヤを助け、イエスを守っていったのでしょう。

ヘロデの幼児虐殺の記事を読むと、こんなひどいことを本当にしたのだろうかと思いますが、人間の歴史はこのようなことを繰り返し行ってきました。

皆さんもよくご存じの、杉原千畝という方がいます。「六〇〇〇人の命のビザ」という映画になりました。杉原千畝さんがリトアニアの領事をしていたときにドイツや近隣諸国からユダヤ人が大勢逃げてきて、第三国に行くビザを求めました。杉原さんはそれが日本の国策に合わないと知りながら、ビザを書き続け、戦争が終わったときに、杉原さんは外務省を辞めさせられたといいます。イスラエルは人道のために尽くした人に与える賞（ヤド・バシェム賞）を杉原さんに与えました。杉原さんが亡くなる一年前に、「六〇〇〇人ものビザを日本国政府の意向に反して書いたのは何故か」と問われたときに、杉原さんはこう答えたそうです。

『あなたは私の動機を知りたいという。それは実際に避難民と顔をつきあわせた者なら誰でもがもつ感動だと思う。目に涙をためて懇願する彼等に同情せずにはいられなかった。避難民には老人も女もいた。当時日本政府は一貫性のある方針を持っていなかったと私は感じていた。軍部指導者のある者はナチスの圧力に戦々恐々としていたし、外務省の役人はただ興奮しているだけだった。本国の関係者の意見は一致していなかった。彼等とやり合うのは馬鹿げていると思った。だから返答を待つのは止めようと決心した。いずれだれかが苦情を言ってくるのは分かっていた。しかし私自身、これが正しいことだと考えた。多くの人の命を救って何が悪いのか。人間性の精神、慈悲の心、そういった動機で私は困難な情況へ敢えて立ち向かっていった。』

この杉原さんのお話に共通するものがスイスでも起こりました。スイスでは一九三九年から一九四五年の間に四二ヶ国から政治的亡命者や捕虜収容所の脱走者、難民が押し寄せたそうです。一九三八年に、時の外務大臣がこれ以上ユダヤ人を含む亡命者をスイスに迎えないようにというために、国境閉鎖を命じました。このときにパウル・グリュニンガーというザンクト・ガレンの警察署長だった人が自分の部下たちに、国境閉鎖の命令があった後も、国境を越えてくる人たちを見逃すように、そしてもし必要な書類があるならばその日付は国境閉鎖の前の日付にするように、というふうにして大勢の人たちをスイス国内に入国させました。その数は二〇〇〇人あるいは三〇〇〇人と言われております。このパウル・グリュニンガーは一年後の一九四〇年に公務員義務侮辱罪で公民権活動停止、年金受給権剥奪という判決を受けました。

彼もまたイスラエルからヤド・バシェム賞を受けましたが、グリュニンガー自身が名誉回復したのは彼の死後二〇数年経ってからで、一九九三年のことでした。自ら不利益を受けることが分かっていながら、杉原さんもグリュニンガーも命を選択したのです。

あの戦争の時にナチス・ドイツは想像を絶するような数のユダヤ人を虐殺していたこと。そしてこの日本が大勢の人たちを殺していたこと。あるいは軍隊「慰安婦」として二〇万人といわれる女性たちの性を踏みにじったということ。何故人間はむごたらしいことができるのか。また杉原さんのように命を選択することも、また、できるのか。これはこれからも私たちの課題であると思います。

『私は戦争のない世界を望む』（アルノ・グリューン著、村椿嘉信&松田真理子訳）という本を最近読みました。著者はユダヤ人でナチスの迫害を逃れてアメリカで暮らし、今はスイスで活躍している精神科医です。彼は戦争を防ぐことはできると言っています。逆に今のこの世界の流れの中では、再びヒットラーのような人の台頭を許してしまうということも言っています。

ヒットラーは非常に小心者で大きなコンプレックスを抱えていたと言われています。彼はお父さんからひどい暴力を受けて、暴力を受けながらも、お父さんは間違っていない、自分が間違っているのだということを呟き続けたそうです。彼だけでなく私たちも鞭ではなくても、様々な形で自分の幼児期から今日まで暴力を受け続けてきたのではないかと思います。そのことを痛みとして感じ、自分の弱さを羞じながらも、自分に暴力を加えた人が間違っているのだということを考えることのできる人は、自分の暴力性に対してなんらかの解決を望み、自分の世代で暴力をストップさせようとする道を歩み続けていきます。しかしヒットラーはそうではありませんでした。

このようにして、このアルノ・グリューンは、自分の痛み、弱さを見つめようとしないで、英雄的に立派に見せようとすることが、再び暴力という戦争を引き起こしていくのだということを言っています。本当の強さとは他の人との間に生じる苦しみに向き合い、苦しみと関わることによって成長していく内面的な強さだと彼は言います。

私たちはイエスという人に引かれて歩んできました。ヨセフが命を選択するということによってこうむった屈辱は、「イエスはマリヤの子」と呼ばれ続けたことにあります。しかし、彼はその選択によってイエスを守りました。イエスが苦しんでいる人たちに共感し、その人たちと歩もうとしたということ。イエスは侮辱の只中でその人たちに復讐するということを選ぶことはありませんでした。おそらくヨセフとマリヤの教育、そして彼自身が生まれた環境の中にあって、生き難い人々が彼のまわりにいた。イエスはそのような中を生きのびたからこそ、生き難い人たちに深く共感することができたのではないかと思います。それは支配の道ではなくて、平等に分かち合い、そして助け合うという道であったと思います。

秘密保護法案が国会を通過しました。多くの方がこの国の政治について深く憂いております。個人も国家も自らの暴力性を認めず、怒りを他者や他国に向けようとするあり方ほど危険なことはないでしょう。

（二〇一三年一二月一五日）

四　「協力、人生は協力だよ‼」

私の口癖は「協力してね！」。一〇年以上前から日曜日の礼拝が始まる前に、礼拝中、大声をだすメンバーたちに「今から礼拝だから、協力してね。讃美歌の時は声出していいから」とお願いしてきた。礼拝中、急に大きな声が響くと説教中の私は困惑して「あれ？　今何話していたっけ？」状態になるし、奏楽者も「頭の中が白くなってしまう」と言っていた。それで、「声を出したいだろうけど、こちらに寄り添ってもらえませんか」という意味で「協力してくださいませんか」とお願いした。いつからか、協力してくれて、礼拝中よく話を聴いてくれるようになった。たまに大声で何かを訴えることもあるが、担当アシスタントが対応しているし、他の参加者はそれを自然に受けとめている。

最近、このような礼拝の在り方について、参加者の一人がこう語った。「ここはいいところです。島さんがKさんに礼拝前に『協力してくださいね』と言っている。普通だったら『うるさい、黙れ！』と怒鳴るのに、島さんはそうしないし、Kさんも協力している」。それを聞いて、「あれ？　私はどうしてこの言葉を使ってきたのだろう？」と考えた。

他の場面でも、他のメンバーたちが自己主張を続けて、アシスタントの都合に合わせてくれないことがある。実はこれこそ、いいことなのだ。なぜなら、私たちはメンバーを、支援する者にとって都合のいい「かわいい障がい者」にしたくなかったからだ。メンバーがあきらめないで、自分の思いを主張することこそ、会が願ってきたことだから。とはいえ、時間が迫っていたり、全体との兼ね合い、アシスタントの事情もあればこそ、「協力してください」となる。それはこんなニュアンスかも知れない。「Kさん、Kさんには Kさんの思い、願いがあるでしょうが、私にも他の人たちとの関係、事情があります。ここは譲歩してくださって協力していただけませんか？」これは対等な関係の中で譲歩をお願いするということだと思う。

今まで、孫を叱りとばしていたが、反抗期に入ってあまり効果がないので戦術を変えてみた。「おばあちゃんに協力してくれない？」と語りかけるようにした。効果抜群である。「もう出かけないといけないと思うんだけど、時間大丈夫かな？」とか、「おばあちゃんはわからないから、自分で忘れ物ないようにしてね」と。

時々、わがままいっぱいの人に付き合って、「やってらんない」って思うこともある。そんな時自分に言う。「協力、協力、人生は協力」と。すると無駄に我慢させられているんじゃなくて、相手の方に寄り添っているんだというような気持ちで、無力感ではない何かが与えられる。よくよく考えたら、メンバーたちのほうが数百倍も思うようにならない日々を忍耐して生きているのだ。そのこと忘れないで協力し合って生きたいと思う。

（二〇一七年七月　愛実の会会報）

五　原点——相手を尊敬する

一緒に歩んでくださっている友人の一人が「島先生は人に恵まれていますね。」と言ってくださいました。あらためて、皆様との出会いに感謝している次第です。中でも、私の人生を変えたジャン・バニエさんとの出会いは衝撃的でした。一九八七年六月、当時愛光園の園長だった広瀬治代先生に連れられて、私と娘の陽子（養護学校小学部二年）は神戸で行われたバニエさんの研修会に参加しました。彼は初来日でしたが、欧米の教会や福祉の世界では有名人で、広瀬先生も以前からご存じだったようです。娘・陽子が一歳三ヶ月の時、百日咳の後遺症で重度の障がいを持ちましたが、福祉業界のことは何も知らないで研修会に参加しました。

全国から大勢の参加者がいました。当時名古屋教会の牧師だった戸田伊助牧師も参加されました。さふらん会の創設に、ラルシュ・ホームの理念も影響を与えたと思います。後に日本でラルシュ・ホーム第一号になった、かなの家の創立者・佐藤仁彦さんもいました。その時の写真には島田恵子さんも写っています。島田さんはイギリス、フィリピンのラルシュ・ホームのアシスタントとして働き、今は東京・静岡・名古屋・神戸（奈良）・千葉などを回りながら、ラルシュを目指すグループと共に歩んでくださっています。愛実の会には毎月来訪、アシスタントの成長のためのプログラムに尽力くださっています。

その時のバニエさんの話は本にもなりましたが、感動的なお話でした。私は、同時にバニエさんの振舞に驚きました。当時、私は教会の牧師を辞し、障がい児の娘と生きる道を模索中でした。夕方、一人で庭に出たとき、彼が反対側から出てきました。彼は私の前に来て、さっと手を伸ばしました。思わずその手を握り、彼の眼を見た時に、「この人は私の苦悩、悔しさを知っている」と思いました。言葉は要りませんでした。

やがて研修会の終わりごろ、責任者が私たち親子のところにきて「陽子さんに仕事をしていただきたい」と言いました。身の回りのことは何もできないし、意思表示もままならない、重度の障がいを持つ娘に与えられた仕事は、皆を代表してバニエさんにお礼のプレゼントを渡すことでした。

その夕べ、渡されたプレゼントを車椅子に座る娘の膝に置き、輪の中央に出ました。バニエさんも出てきて、娘の膝からプレゼントを取り、もう一方の手で陽子の手を握りました。娘はニコニコと笑いました。二人が握手して微笑みを交わしている姿は皆を感動させました。そしてバニエさんの姿からこういう声が聞こえました。「陽子さん、一生懸命生きてきましたね。私はあなたを尊敬していますよ。神様もあなたを大事に思っていますからね」。

「尊敬」それは私が求めてきたことでした。尊敬されるためにはいい仕事をし、認められ、娘の障がいを軽くする、そんな努力も無に帰し、ばかにされたような視線に甘んじるしかない、と思っていました。しかし、このままの私たちを理解し、大事にしてくれる人がいる。それ以来、相手を押しのけ、踏み台にするような生き方はしたくないと思ってきました。不思議な出会いから福祉をすることになった私の原点は、「相手を尊敬する、大事に接する」ことです。多様な考えの人と一緒に歩むということは綺麗ごとだけではありませんが、共同生活の知恵に満ちたバニエさんの著作や生き方に助けられながら歩んでいます。ありがたい出会いでした。

（二〇一三年六月号　愛実の会会報）

六　二つのテーブル

フランスのトローリというパリから車で一時間ほどの街に「ラルシュの家」があります。今から五二年前、ジャン・バニエと二人の青年（ラファエルとフィリップ）がそこで暮らし始めました。ラファエルたちは病院で暮らしていました。バニエさんは海軍を辞めた後哲学教授になった人でした。三〇数歳のバニエさんがカナダの大学を辞めて、その家を始めた理由は「彼らは病院ではないところで暮らしたほうがいいのではないか、彼らはそれを切望している」と考えたからでした。無謀な共同生活はトイレも家の外、水道も時々止まる、バニエさんは料理下手と悪条件ばかり。しかし、後に青年の一人は当時を思い出して「ジャンは何も作れないし、生活はめちゃくちゃだった。でも僕らは『やったー！』という気持ちだった」と述懐しています。当初バニエさんは彼らのお世話をしてあげるという意識だったようですが、葛藤を重ね彼らが一番望んでいるのは対等な関係の「友だちになる」ことだと気が付きます。そればかりか共に暮らし始めると彼らの苦悩の深さ、苦悩による暴力などに、意識していなかった自分自身の苦悩と葛藤に苦しむようになりました。苦しみながらも大事なことは「仕事」ではなく、一緒に「食事」をすることだと意識されるようになりました。

小人数の暮らしの中で、メンバーが自己肯定して、人間らしい喜怒哀楽を示し、共にいることを喜ぶようになりました。彼らの様子が、多くの場所で共感を呼び、全世界にラルシュ・ホームが散在しています。私は娘が早逝しましたが、自分が先だったらこのような場所で生活してほしいと願ってきました。

ラルシュの在り方でバニエさんは「ラルシュはユートピアではない。苦しみも問題もある。それは当然のこと。だから問題をごまかさず、いかに一緒にやっていけるか話し合うことが大事だ」と言います。「もう顔も見たくない」というような関係で決裂してしまう私たちですが、「話し合う」とは議論ではなく、お互いに閉じこめている悲しみの声に耳を傾けることだと解釈しています。弱さを隠して壁を築くのではなく、傷つくことを恐れないで共にいるというのは冒険とも言えます。

二〇一六年六月末にトローリを訪問し、大地の家メンバーとよく似た方々の「森の家」で昼食をいただきました。大きなテーブルにメンバーが六人、同じくアシスタントも六人ぐらい席についていました。衝立の向こうに、もう一つの小テーブルがありました。覗くと気難しそうな年配の方とアシスタントがいました。

小さな歌を歌って食事開始。ほとんどの方がミキサー食でした。前菜（名前は知らないけど美味しかった）副菜、主菜、デザートと進み、責任者が私たちとメンバーやアシスタントとの会話を進めてくれました。それぞれがゆったりと、会話を楽しみながら、食事している様子がいいなあと思いました。二つ目のテーブルの方は一言も発することなく、しかし、大きなテーブルの様子を気にしながら、同じペースで食事していました。おそらく大きなテーブルでは疲れてしまう方のための席だったのでしょう。何でも一緒に大きなテーブルではなく、必要に合わせてテーブルを用意し、一緒に同じ食事を進める姿にラルシュの知恵の一つを見ました。無理せず、しかし、誰も阻害しないで共に食卓に着く。

それぞれの生活の中でも創意工夫をしながら共同生活を豊かにしたいと思いました。

（二〇一六・一二月号　愛実の会会報）

七　助け合って生きる　クリスマス①

今年も残る日々が少なくなりました。変わることなく愛実の会を見守りいただきありがとうございます。どうぞお元気でクリスマス、新年をお迎えください。

七月に相模原津久井やまゆり園で一九名もの方が殺害され、二六名が重傷を負わされた事件がありました。容疑者が「障がい者は不幸を作ることしかできません」と書いていたと聞き、容疑者はかつてその施設で働いていたそうだから、入居者のお世話をしながら、誰とも出会わなかったのだろうかと不思議に思いました。

たんぽぽや愛実の会の創設に関わり、働いてきた立場から思うことがあります。障がい者を社会的弱者として見る面は他の人と同じですが、彼らの精神の強靭さには畏敬の念を抱いています。介助者の弱点、良い所を知っていてそれぞれに応じた要求をするとか、介助者の未熟な態度に怒っても、基本的には忍耐して身を任せる。相手を見る時に能力よりも自分との関係に力点を置いた見方をする。耐え難い差別的な社会のまなざしの中で、悶々としながらも堂々と生きようとしている。

　誰もが「人に迷惑をかけないように生きなさい」という教育をされました。だからできるだけ人の世話にならないようにと歯を食いしばって生きてきました。介助を必要とする障がい者が肉親以外の人に支援されて生きる道は無かったし、あってもわずかでした。地域で生きるにはハードルが高く、家族の世話を受けられなくなったら施設へという道でした。国際障がい者年や先輩たちの身を挺した行動によって重度の障がい者も地域生活が送られるようになってきました。津久井やまゆり園の方々も地域で生きる道があったなら事態が違っていたかもしれないとも思います。

　「大地の家」や「愛実友だちの家」の母親たちでよく言った言葉があります。「自分のためには頭を下げたくないけど、子どものためなら頭を下げる」と。子どもの生活を守るために周囲にお願いをしてきました。何年もたった今思います。創設期の母親たちは生活も意見も行動も全く違ったけれど、助け合うしかなくて一緒にやってきました。そして子どもたちを助けると言いながら、実は親たち自身が様々な経験をさせてもらってきたことに気づきます。その存在が迷惑どころか、私たちを成長させ、生きることの中身を濃くしてくれました。

できないことはお願いして、できることで相手を助ける、という道が見つかった時、この道は全ての人にも必要な道だと思えました。いかに助け合えなくて孤独に生きている人が多いことでしょう。とは言え、「助け合って生きる」という道は誰にとっても形成途上にあるので、衝突することも多く、毎日が葛藤です。葛藤を与える対象を抹殺していいという考え方は非現実的です。愛実の会では言葉を発しない方も多いので、注意深く見つめ、声を聴きとる力が必要です。自分が聞き取っているとは全く思えません。でも相互に聴き合うことを続けたいと思います。

あの事件が間違いだったのは、容疑者が自分の価値観で人のいのちの価値を決めたことでしょう。未熟な自分を悟り、目の前の人間に対する謙虚な姿勢があったならば、どうだったでしょう。彼ばかりでなく、神や自分以外の人への畏敬の念を失いつつある現代の課題でもあります。

（二〇一六年一二月）

八　対話する関係　クリスマス②

我々にかたどり、我々に似せて、人を造ろう。そしてすべての海の魚、空の鳥、家畜、地の獣、地を這うものすべてを支配させよう。（創世記一章二六節）

主なる神は人を連れて来て、エデンの園に住まわせ、人がそこを耕し、守るようにされた。（創世記二章一五、一六節）

クリスマスおめでとうございます！　と言い難いような世相です。二〇一六年七月に相模原津久井やまゆり園という障がい者入所施設で一九名の方が殺害され、二六名の方が重傷を負う事件がありました。この問題の根っこに何があるのかと考えさせられます。また福島原発事故（事件）を経ても変わらないこの国の政治にため息が出ます。

創世記一章によると人間の役目は他の被造物の支配でした。しかし、人間の傲慢な支配が自然や人間自身に大きな打撃を与えてきたのではないでしょうか。本当に神はそのような意図で人間を造られたのか？　だとしたら神は間違ったのではないか？　もう一つの創造物語である創世記二章では、神が孤独な人間の前に「彼に合う助ける者を造ろう」として「野のあらゆる獣、空のあらゆる鳥を土で形づくり、人のところに持って来て、人がそれぞれをどう呼ぶかを見ておられた。人が呼ぶと、それはすべての生き物の名となった。」名を呼ぶということは、人間と他の生き物との対話する関係を想起させます。

創造物語で特徴的な言葉がもう一つあります。神は一章四節で「神は光を見て、良しとされた」と語ります。同じように神は創造されたものを次々と「良し」と祝福し、三一節では「神はお造りになったすべてのものを御覧になった。見よ、それは極めて良かった」とあります。

障がいを持つ娘と暮らし、娘の友人たちと暮らし「神様はなぜこのように不自由な姿に造られたのだろう？　なぜこんなに暮らしにくいのだろう？　神様は失敗されたのだろうか？」と思いながら過ごした日々がありました。与えられた答えは「神は私たちすべてをこのままの姿で完璧に造られた」ということでした。では「なぜこんなに生きにくいのか?」あれこれ逡巡しながらたどり着いたのは「互いに助け合うために」という答えでした。

支配・被支配の関係には暴力的支配がつきものです。そこには名前をもつ個が見失われてしまいます。(ちなみに相模原事件では被害者の名前が公表されませんでした)もう一つの創造物語の「助ける者」としての関係は相手に名前があり、互いに助け合うことなしには生きられないという現実的な姿があります。障がい者は一方的に助けられるばかりではなく、様々な形で「助ける者」を「助ける者」でもあります。

イエスが出会う人と対話し、そのことによって相手を生かしていった姿を思います。対話のためにイエスの誕生があったとも言えるでしょう。「人が独りでいるのは良くない」として造られた被造物同士も対話をしながら循環する関係を生きたいものだと思います。


(二〇一六年一二月　名古屋YWCAクリスマス号)

九　クリスマスとイースターは弱さの中に宿る　クリスマス③

津久井やまゆり園で一九名もの障がい者が殺された事件にはしばらく声が出ませんでした。容疑者の「障がい者は生きていても意味がない」という発言に、言いたいことがあります。障がい者であった娘と娘の友人たちと三十数年生きてきて、それ以前とは違った価値観を与えられています。「強くなければ生きていく価値が無い」という考えは幻想だということです。強い人は弱さを隠しているだけです。強く見せなければ見下される社会だからです。強い者自身もまた生きづらさを抱えているのではないでしょうか？

私たちは弱くなっていく自分を受け入れることが難しいです。障がいを持つ友人たちの姿は、遠からざる自分の未来です。そう思うと、彼らが「堂々と」周囲からの介助を受け入れて生きている姿に感嘆します。生き難さに悩みながら歩んでいる姿に「そうそのように生きなきゃ！」と思わされます。衝突することも多いですが、その葛藤はすべての人間関係につきものの難しさと同じです。そして一緒に生きる中で彼らから与えられた大事なことは、「助け合って生きる」ということでした。私の深い悲しみに寄り添ってくれたのは言葉のない娘の友人たちでした。いかに助けられたことでしょう。彼らと生きてきて、自分の弱さを隠す愚かさ、問題性を感じています。なぜなら強い人は身を守るために壁を高くして、孤独になり、相手を敵視するからです。

クリスマスはイエス様がこの世に来られたことを祝う時です。赤ちゃんという無備な姿の中に隠された宝物。十字架上のイエス。イエス様も赤ちゃんも私たちを攻撃しません。私たちの恐怖の壁は取り払われます。自分の弱さを恥じ、弱い存在を踏みにじるような価値観から解放されましょう。互いに弱さを持つものとして互いに大切にしあう生き方を選びたいものです。クリスマスおめでとうございます！

（二〇一六年　名古屋ＹＭＣＡクリスマス号）

あとがき　出会いに感謝して

澤田和夫神父との出会い

一九八七年六月、神戸でジャン・バニエさんのリトリートがありました。通訳されたのは澤田和夫神父でした。見事な通訳に感心して帰宅後、神父の本を読みました。その中の「目の前にいる人を大切にしましょう。その人が大切に値するかどうかではなく、神さまが大切にしてくださった方なのですから大切にしましょう」という言葉に感銘を受けました。以後、毎年行われるラルシュのリトリートに参加して、神父のふるまいや発言に注目してきました。

ラルシュのリトリートでは最初からカトリックのミサとプロテスタントの聖餐式が行われていました。プロテスタントはカトリックのミサには与れません。一九九二年の時のミサは会衆に神父たちがお尻を向けて行う形でした。私は怒りが湧きました。担当する聖餐式の時、それに抗議するような式を行いました。次の年に澤田神父が言いました。「プロテスタントのみなさん、みなさんにパンとぶどう酒をお分けできないのは、私たちカトリックの問題です。どうか、許してください。その代り、プロテスタントの聖餐式があります。その時に受けてください。お互いにそれぞれの伝統を大事にしましょう」と。それからも参加者はミサと聖餐式のたびに乗り越えられない壁なのかという戸惑いを感じていました。聖公会の植松功さんの知恵で壁は低くなっていき、女性牧師である私の祝福を澤田神父も受けてくださるようになりました。

数年前のこと。その日のミサは澤田神父一人で行われました。高齢の神父を誰もが心配しながら見守っていました。お話の時、「プロテスタントの方々はカトリックの悪い所を抗議してプロテスタントになりました。ですから、カトリックの私たちは悪い所を直さないといけません」と言われ、私に近づき腰をかがめて「島先生、ごめんなさい」と言われたのです。私は驚きながら「プロテスタントだって悪いところがいっぱいあるのに、こんな風に言われて申し訳ない」という気持ちでした。「島先生、これからもエキュメニカル（教会一致）のためにお働きくださいね！」との神父の言葉を光栄に思います。神父が互いの伝統を越えて、尊敬しあう姿を教えてくださったことに感謝しています。

私は陽子や陽子の友人たちを通して多くの出会いを与えられました。陽子の兄たち二人も陽子の友人たちの傍近くで働いています。陽子とその友人たちは人生の豊かさ、単純さを身を持って教えてくれました。愛実の会が影も形もなかった時代から「愛実の会」の代表をしてくださった長村秀勝さんはじめこれまで、一緒に汗と涙を流してくださったみどりファミリー、たんぽぽ、愛実の会、「フレンド・オブ・ラルシュなごや」の仲間たち、賛助会員の方々、同僚たち、見守ってくださった鳴海教会、名古屋堀川伝道所のメンバー、友人たちに心から感謝しています。お世話になった方々のお名前を全て記すことができない非礼をおゆるしください。

大田美和子さんは初めてのフランス訪問以来、私たち訪問団の受け入れやジャン・バニエ氏との会見、日本人のためのリトリートをアレンジしてくださいました。長年ジャン・バニエたちとラルシュで歩んできたからこそ、よき出会いを備えてくださいました。私の願いは名古屋にラルシュ・ホームが創立されることです。それはメンバーが生きるということは生活であり、その生活を共にしてくれる人々が必要だと切に思うからです。幸い、「フレンド・オブ・ラルシュなごや」の方々がその思いを受け継いでくださっています。いつの日か、大事に思ってやまないメンバーたちが家庭的な環境で食卓を囲み、思い出話に笑う日が来ますように。

九〇パーセント助からないと言われた陽子の「いのち」が、この本を編ませることになりました。障がいを持つ人の「いのち」をないがしろにする風潮に、「否」を言いたい思いをくみ取っていただけたら幸いです。

（記述内容の重複もありますが、発表の場所の違いのゆえご容赦下さい）

二〇一八年一月二六日　（陽子の死から二三年）

島　しづ子

●著者　プロフィール

島しづ子

1948年　長野県生まれ　1973年　農村伝道神学校卒業

1974年　夫・勉が名古屋市緑区の日本基督教団鳴海教会に着任。

1978年　夫・勉の死後　鳴海教会牧師と付属エリヤ愛育園園長就任

1987年　鳴海教会辞任

みどりファミリー（障がいを持つ人が地域で暮らすことを考える会）結成

みどりファミリーは「愛実の会」の支援やコンサートを開始。

ミニ里親会お年玉コンサートを22年間継続。

1988年以降　「障がい者・友だちの会・愛実」創設に参加

1995年　「愛実友だちの家」開設

1997年　「大地の家」開設

2002年　日本基督教団名古屋堀川伝道所牧師就任

2002年　「みどりの家」（ラルシュ・ホームをめざす家）開設

2010年以後「たねの家」「かぜの家」開始

2004年　障がい者支援事業所　（有）たんぽぽ　開始

2007年　「愛実友だちの家」「紙風船」「大地の家」合併によるNPO法人愛実の会設立　理事長就任

2009年　愛知県弁護士会人権賞受賞

2016年　社会福祉法人さふらん会理事長就任

30年近く、日雇い労働者の昼間の家「いこいの家」スタッフ

著書

「あたたかいまなざし—イエスに出会った女性たち—」1993年1月　燦葉出版社

「イエスのまなざし—福音は地の果てまで—」2001年9月　燦葉出版社

共著

「教会学校教師ノート」1988年　日本基督教団出版局

「解放の神学—女性からの視点—」1991年　燦葉出版社

「今日を生きる祈り」1995年　日本基督教団出版局

「生きにくさをかかえて　障碍を担う17人の証言」2002年　新教出版社

「国家の論理といのちの倫理」2014年　新教出版社

◎イラスト　山田　翠（やまだ・みどり）

尊敬のまなざし

（検印省略）

2018年3月29日　初版第1刷発行

著　者　島　しづ子

発行者　白井　隆之

発行所　燦葉出版社　東京都中央区日本橋本町4-2-11
電話 03(3241)0049　〒103-0023
FAX 03(3241)2269
http://www.nextftp.com/40th.over/sanyo.htm

印刷所　日本ハイコム株式会社